food with love

by MANU & JOËLLE

UNSERE LIEBLINGSREZEPTE

VIER HÄNDE, ZWEI HERZEN, EIN THERMOMIX®

LEMPERTZ

VORWORT

Hallo, Ihr Lieben!

Wir – Manu und Joëlle Herzfeld, Mutter und Tochter – wohnen am Stadtrand von Düsseldorf, sind beide berufstätig und lieben es zu kochen und zu backen. Wir haben in den vergangenen drei Jahren mehr als 1200 Rezepte kreiert und auf unserem Blog www.foodwithlove.de – vormals www.rezeptemitherz.blogspot.de – für Euch aufgeschrieben und liebevoll in Szene gesetzt. Das Bloggen macht uns einfach Freude. Ehrlich! Da kommen all unsere Passionen zusammen: Kochen. Backen. Fotografieren. Schreiben. Und natürlich: ESSEN!!!!! Und anderen eine Freude machen.

Jetzt sind wir beide mega-stolz darauf, dass nun 100 Rezept-Highlights von unserem Blog in diesem Buch zusammengefasst sind. Für die meisten Rezepte benötigt man nicht viele Zutaten und wir achten darauf, dass alles alltagstauglich ist – und mit Hilfe des TM5 und des TM31 zubereitet werden kann.

Mit dem Thermomix® lässt sich alles schnell und einfach umsetzen, sodass Ihr Euch auf entspannte und genussvolle Momente mit Euren Lieben freuen könnt.

Solltet Ihr mal eine Frage oder ein Problem haben, könnt Ihr uns gerne per Mail kontaktieren: info@foodwithlove.de

Eure

Manu + Joëlle

INHALT

SUPPEN & EINTÖPFE

SALATE & SNACKS

DIPS & AUFSTRICHE

AUFLÄUFE, PASTA & HAUPTGERICHTE

DESSERTS, KUCHEN & SÜSSE BACKWAREN

BROT & BACKWAREN

GETRÄNKE, SIRUPS & SÜSSE SAUCEN

EINTÖPFE & SUPPEN

MEXIKANISCHER FEUERTOPF

Seite 15

Zum Weglöffeln lecker – gelingsichere Rezepte für viele Gelegenheiten! Familienrunde, fröhliche Feste, Freunde bewirten – ein Süppchen oder ein Eintopf passt immer!

Hühner-Nudel-Topf

4 Portionen | leicht | 40 Min.

ZUTATEN:

3 Stängel Petersilie
200 g Möhren, in Stücken
100 g Knollensellerie, in Stücken
1 Schalotte
30 g Butter
600 g Geflügelfond
1 TL Salz
1/4 TL Pfeffer
1 Prise Chiliflocken
100 g kl. Muschelnudeln
100 g Porree, in Ringen
100 g TK-Erbsen
500 g Hähnchenbrustfilet, in ca. 3 x 3 cm cm Würfeln

1 Petersilie in den Mixtopf geben, 3 Sek. / Stufe 8 zerkleinern.

2 Möhren, Sellerie und Schalotte zugeben, 7 Sek. / Stufe 4.5 zerkleinern.

3 Mit dem Spatel alles nach unten schieben, Butter zugeben und 4 Min. / 120°C / Linkslauf / Stufe 1 andünsten.

4 Geflügelfond, Salz, Pfeffer und Chiliflocken zugeben, 10 Min. / 100°C / Linkslauf / Stufe 1 garen.

5 Nudeln, Porree, Erbsen und Hähnchenbrustwürfel zugeben, weitere 10 Min. / 100°C / Linkslauf / Stufe 1 garen.

6 Hühner-Nudel-Topf mit Petersilie garniert servieren.

Lasagne-Suppe

4 Portionen · leicht · 40 Min.

ZUTATEN:

1 Zwiebel
2 Knoblauchzehen
20 g Olivenöl
1 EL Tomatenmark
400 g Rinderfond
300 g Wasser
1 geh. TL Gemüsebrühpulver
400 g gehackte Dosentomaten
400 g passierte Tomaten
1 TL Oregano, getrocknet
1 TL Thymian, getrocknet
1 TL Rosmarin, getrocknet
1/2 TL Chiliflocken
1 TL Petersilie, getrocknet
300 g Rinderhack
8 Lasagneplatten
30 g Rotwein
Salz & Pfeffer
150 g Ricotta oder Crème Fraîche
30 g Parmesan

1| Zwiebel und Knoblauchzehen in den Mixtopf geben, 5 Sek. / Stufe 5 zerkleinern.

2| Mit dem Spatel alles vom Rand runterschieben und den Vorgang nochmal wiederholen.

3| Öl und Tomatenmark hinzugeben, 3 Min. / 120°C / Stufe 1 andünsten.

4| Rinderfond, Wasser, Gemüsebrühpulver, Dosentomaten, passierte Tomaten, Oregano, Thymian, Rosmarin, Chiliflocken und Petersilie zugeben, 15 Min. / 100°C / Stufe 2 kochen.

5| In der Zeit das Hackfleisch in einer Pfanne anbraten.

6| Lasagneplatten in mundgerechte Stücke brechen.

7| Hackfleisch, Lasagne und Rotwein in den Mixtopf geben, 10 Min. / 100°C / Linkslauf / Sanftrührstufe kochen, mit Salz und Pfeffer abschmecken.

8| Mit Ricotta oder Crème Fraîche und Parmesan bestreut servieren.

TIPP!

ROTWEIN KANN ERSATZLOS WEGGELASSEN WERDEN.

Kohlrabi-Eintopf

4 Portionen leicht 25 Min.

ZUTATEN:

1 kl. Zwiebel
40 g Butter
500 g Kartoffeln, in Würfeln
500 g Kohlrabi, in Würfeln
100 g Wasser
100 g Sahne
1 TL Gemüsebrühpulver
1 TL Salz
1 gute Prise schwarzer Pfeffer
100 g Schmelzkäse
Kohlrabiblätter, gehackt

1 Zwiebel in den Mixtopf geben und 5 Sek. / Stufe 5 zerkleinern.

2 Mit dem Spatel alles vom Rand runterschieben und die Butter zufügen, 3 Min. / 120 °C / Stufe 1 andünsten.

3 Kartoffel- und Kohlrabiwürfel, Wasser, Sahne, Gemüsebrühpulver, Salz und Pfeffer zufügen, 10 Min. / Varoma / Linkslauf / Sanftrührstufe garen.

4 Schmelzkäse und die gehackten Blätter der Kohlrabi zugeben, nochmal 10 Min. / 90 °C / Linkslauf / Sanftrührstufe garen.

TIPP!

BRATWURSTBRÄT ALS BÄLLCHEN IN EINER PFANNE GEBRATEN SCHMECKT SEHR GUT DAZU.

GERÖSTETE TOMATENSUPPE

4 Portionen | leicht | 15 Min. + 45 Min. Backzeit

ZUTATEN:

2 kg reife Tomaten
2 Zwiebeln, geviertelt
3 Knoblauchzehen
1 Zweig Thymian
1 Zweig Rosmarin
2 Zweige Oregano
3 EL Olivenöl
2 TL Zucker
80 g Tomatenmark
1 Spritzer Zitronensaft
ca. 150 g Wasser
Salz & Pfeffer
100 g Crème Fraîche

1. Den Backofen auf 180°C Umluft vorheizen.
2. Tomaten, Zwiebeln, Knoblauch und Kräuter auf einem mit Backpapier ausgelegten Backblech verteilen, mit Öl beträufeln und mit Zucker bestreuen.
3. Im Ofen ca. 45 Minuten backen, bis alles schön anfängt zu bräunen.
4. Alle Zutaten vom Backblech in den Mixtopf geben, 1 Min. / Stufe 10 pürieren.
5. Tomatenmark, Zitronensaft und Wasser hinzufügen, 10 Min. / 100°C / Stufe 2 köcheln lassen.
6. Mit Salz und Pfeffer abschmecken.
7. Suppe mit einem Klecks Crème Fraîche garniert servieren.

CURRYWURST-SUPPE

4 Portionen | leicht | 40 Min.

ZUTATEN:

300 g Brat-, Rostbrat- oder Currywurst
1 Gemüsezwiebel
2 EL Öl
1 EL Curry
375 g Wasser
2 TL Gemüsebrühpulver
1 Dose Tomaten, ca. 850 g
1 EL brauner Zucker
Salz & Pfeffer
70 g Curryketchup
1 kl. Dose Mais, ca. 150 g, abgetropft
1 rote Paprika, gewürfelt
150 g Schmand
Kartoffelsticks

1 Würstchen in Scheiben schneiden und in einer Pfanne auf dem Herd in 1 EL Öl anbraten.

2 Die Zwiebel in den Mixtopf geben und 5 Sek. / Stufe 5 zerkleinern.

3 Den restlichen EL Öl hinzufügen, 4 Min. / 120 °C / Stufe 1 andünsten.

4 Curry darüber stäuben, nochmal 2 Min. / 120 °C / Stufe 1 andünsten.

5 Wasser, Gemüsebrühpulver, Tomaten und Zucker hinzufügen, 15 Min. / 100 °C / Stufe 2 köcheln lassen.

6 Mit Salz und Pfeffer abschmecken, 1 Min. / aufsteigend bis Stufe 10 pürieren.

7 Curryketchup, Mais und Paprika dazugeben, 10 Sek. / Linkslauf / Stufe 2 unterrühren, Würstchen hinzugeben und mit dem Spatel unterrühren.

8 Suppe abschmecken, mit Schmand und Kartoffelsticks anrichten, mit Curry bestäuben.

MEXIKANISCHER FEUERTOPF

4 Portionen | leicht | 45 Min.

ZUTATEN:

1 rote Zwiebel
1 Knoblauchzehe
1–2 Chilischoten, getrocknet
20 g Olivenöl
30 g Tomatenmark
500 g passierte Tomaten
400 g Wasser
1 geh. TL Gemüsebrühpulver
je 1 gelbe, rote & grüne Paprikaschote, gewürfelt
500 g gemischtes Hackfleisch
2 Cabanossi, in Scheiben
1 Dose Mais, 425 g, abgetropft
1 Dose Kidneybohnen, 425 g, abgetropft
1 TL Salz
1/2 TL Pfeffer
1/4 TL Paprika, scharf
150 g Crème Fraiche
2 EL Petersilie, gehackt

1 Zwiebel, Knoblauchzehe und Chilischote in den Mixtopf geben, 5 Sek. / Stufe 5 zerkleinern, Öl zugeben, 4 Min. / 120°C / Stufe 1 andünsten.

2 Tomatenmark zugeben, weitere 1 Min. / 120°C / Stufe 1 andünsten.

3 Tomaten, Wasser, Gemüsebruhpulver und Paprikawürfel zugeben, 15 Min. / 100°C / Linkslauf / Stufe 1 garen.

4 In dieser Zeit das Hackfleisch und die Cabanossi in einer Pfanne anbraten.

5 Mais, Kidneybohnen und Gewürze zugeben, 5 Min. / 100°C / Linkslauf / Stufe 1 garen.

6 Hackfleisch und Cabanossi zugeben, weitere 5 Min. / 100°C / Linkslauf / Stufe 1 fertig garen.

7 Mit Creme Fraiche und Petersilie garniert servieren.

WÜRSTCHENGULASCH

4 Portionen | leicht | 30 Min.

ZUTATEN:

1 Zwiebel
1 Knoblauchzehe
20 g Öl
1 rote Paprikaschote, in Würfeln
1 grüne Paprikaschote, in Würfeln
630 g Wasser
1 EL Gemüsebrühpulver
1/2 TL Curry
1 TL Paprika
1/2 TL Zucker
1/2 TL Salz
1/8 TL Pfeffer
100 g Tomatenmark
1 EL Crème Double oder Crème Fraîche
1 kl. Dose Mais, ca. 150 g, abgetropft
1 EL Petersilie, getrocknet
250 g Wiener Würstchen, in Scheiben
200 g Hörnchennudeln

1 Zwiebel und Knoblauchzehe in den Mixtopf geben und 5 Sek. / Stufe 5 zerkleinern.

2 Das Öl und die Paprikawürfel zugeben, 4 Min. / 120 °C / Linkslauf / Stufe 1 andünsten.

3 Von Wasser bis Petersilie alle Zutaten zugeben, 6 Min. / 100 °C / Linkslauf / Stufe 1 aufkochen.

4 Würstchen und Nudeln hinzufügen, 9 Min. / 100 °C / Linkslauf / Sanftrührstufe garen.

5 Mit Petersilie garniert servieren.

SALATE & SNACKS

THAI SALAT
Seite 24

Für den kleinen Hunger, als Vorspeise, als Hauptgericht oder Partybegleiter: Unsere Salat- und Snackrezepte sind schnell gezaubert und köstlich!

COLE SLAW

4 Portionen | leicht | 15 Min. + 4 Std. Wartezeit

TIPP!

COLE SLAW IST EIN AMERIKANISCHER KRAUTSALAT. ER WIRD GERNE ZU PULLED PORK, FISH AND CHIPS UND ANDEREN FRITTIERTEN SPEISEN ODER GANZ ALLGEMEIN ALS BEILAGE SERVIERT.

ZUTATEN:

400 g Weißkohl, (äußere Blätter und Strunk entfernt), in Stücken
70 g Möhre, geschält, in Stücken
1 kl. Zwiebel
250 g Mayonnaise, z.B. Miracel Whip
40 g Öl
1 EL Balsamicoessig, hell
50 g Milch
50 g Buttermilch
1 TL Zitronensaft
40 g Zucker
1/2 TL Salz
1/4 TL Pfeffer

1| Weißkohl und Möhre in Stücken in den Mixtopf geben, in 2 Durchgängen **5 Sek. / Stufe 5** zerkleinern. In eine Schüssel umfüllen.

2| Zwiebel in den Mixtopf geben und **5 Sek. / Stufe 5** zerkleinern, zum Kohl geben.

3| Alle restlichen Zutaten in den Mixtopf geben, **45 Sek. / Stufe 3.5** verrühren, mit Salz und Pfeffer abschmecken.

4| Dressing zum Salat geben, alles gut verrühren und mindestens 4 Stunden ziehen lassen.

Hawaiianischer Tortellinisalat

6 Portionen   leicht   30 Min.

ZUTATEN:

500 g Tortellini mit Käsefüllung
2 Paprika, rot & gelb, in Stücken
1/2 Salatgurke, geschält und in Scheiben
1 rote Zwiebel, in Ringen
300 g Cherrytomaten, halbiert
300 g gek. Schinken, in Würfeln
300 g Ananas, in Würfeln

Dressing:
120 g Mayonnaise
120 g Sauerrahm
100 g Ananassaft
1 EL Zucker
15 g Dijon-Senf
1/2 TL Knoblauchpulver
1 TL Ingwerpulver
1 TL Pfeffer

1 Tortellini nach Packungsangabe in Salzwasser auf dem Herd kochen, im Sieb abtropfen lassen und in eine Schüssel geben.

2 Paprika, Salatgurke, Zwiebel, Tomaten, Schinken und Ananas hinzugeben, alles gut vermischen.

3 Alle Zutaten für das Dressing in den Mixtopf geben, 20 Sek. / Stufe 3 verrühren.

4 Dressing zu den Tortellinis und dem Gemüse geben, alles gut vermengen und nochmal abschmecken.

TIPP!

EIN SEHR FRISCHER SALAT, DER AN SOMMERTAGEN EINE HAUPTSPEISE IST. DIE TORTELLINI KÖNNT IHR MIT FÜLLUNG NACH WAHL VERWENDEN.

ZAZIKI-NUDELSALAT

6–8 Portionen | leicht | 30 Min. + 30 Min. Wartezeit

ZUTATEN:

500 g griechischer Joghurt
1/2 Salatgurke
1/2 TL Salz
2 Knoblauchzehen
2 EL Olivenöl
1/4 TL Pfeffer
400–500 g Nudeln, nach Wahl
1 kl. Dose Mais, ca. 150 g, abgetropft
250 g Cherrytomaten, halbiert
Dill zum Bestreuen

1. Joghurt im Sieb mit Passiertuch ca. 30 Minuten abtropfen lassen.

2. Salatgurke halbieren, entkernen, fein raspeln oder im Mixtopf 2 Sek. / Stufe 8 zerkleinern, in einem Sieb mit dem Salz vermengen und abtropfen lassen.

3. Knoblauchzehen in den Mixtopf geben und 5 Sek. / Stufe 5 zerkleinern.

4. Joghurt, Pfeffer und Öl hinzugeben und 20 Sek. / Stufe 3 mischen.

5. Gurke ausdrücken, hinzugeben und 15 Sek. / Stufe 3 unterrühren.

6. Nudeln nach Packungsangabe auf dem Herd kochen, abgießen, in eine Schüssel geben, mit Zaziki, Mais und Tomaten vermischen.

7. Mit Dill bestreut servieren.

MEXIKANISCHER NUDELSALAT

4 Portionen ♥♡♡ leicht 20 Min.

ZUTATEN:

250 g kl. Nudeln, nach Wahl
1 TL Tabasco
2 Paprika, gelb und grün, in Würfeln
1 Dose Mais, ca. 285 g, abgetropft
1 Dose Kidneybohnen, ca. 250 g, abgetropft
1 Ochsenherztomate, in Würfeln

Dressing:
1 Bund Petersilie
1 rote Zwiebel
1 Knoblauchzehe
200 g Sahne
150 g Crème Fraîche
30 g Tomatenmark
1 EL Honig
1/2 TL Salz
3 Prisen Pfeffer
2 TL Limettensaft

1 Die Nudeln in Salzwasser, mit dem Tabasco verfeinert, bissfest kochen. Abschrecken, in eine Schüssel geben und auskühlen lassen.

2 Paprika halbieren, entkernen, in Streifen und dann in Würfel schneiden, zusammen mit Mais und Kidneybohnen zu den Nudeln geben.

3 Tomate waschen, halbieren, vierteln, entkernen, in Streifen und dann in kleine Würfel schneiden, zu den Nudeln geben.

4 Petersilie in den Mixtopf geben, 3 Sek. / Stufe 8 zerkleinern und umfüllen.

5 Zwiebel und Knoblauchzehe in den Mixtopf geben, 5 Sek. / Stufe 5 zerkleinern.

6 Alle Zutaten für das Dressing zugeben, 5 Sek. / Stufe 4 verrühren, dann 4 Min. / 80 °C / Stufe 2 erwärmen.

7 Zum Schluss 10 Sek. / Stufe 8 mixen.

8 Das Dressing über die Nudel-Gemüse-Mischung geben, Petersilie zugeben, alles gut verrühren.

Thai-Salat

2 Gläser à 900 ml · leicht · 40 Min.

ZUTATEN:

300 g Wasser
150 g Brokkoli, in Röschen
200 g dünne Reisnudeln
2 Möhren, in Stiften oder Spiralen
4 Frühlingszwiebeln, in Ringen
1 gelbe Paprika, in Würfeln
8 Cherrytomaten, halbiert oder geviertelt
200 g Steakfleisch
1 EL Sesamöl
1 Spritzer Sojasauce, dunkel
1/2 Bund Koriander, gehackt
je 1 Handvoll Rucola und Babyspinat
1 TL weißer Sesam
1 EL Cashewkerne, grob gehackt

Dressing:

1 Knoblauchzehe
20 g neutrales Öl
10 g Reisweinessig
30 g Erdnussbutter, cremig
15 g Chilisauce
20 g Sojasauce, dunkel
40 g Honig
Saft von 1 Limette

TIPP!

SCHMECKT AUCH PRIMA MIT HÄHNCHENFLEISCH

1 Wasser in den Mixtopf geben, Brokkoli in das Garkörbchen geben, 10 Min. / Varoma / Stufe 1 garen.

2 Brokkoli auskühlen lassen und Mixtopf leeren.

3 Reisnudeln mit heißem Wasser übergießen und nach Packungsanweisung ca. 5 Minuten ziehen lassen.

4 Möhren in kleine Stifte schneiden oder mit einem Spiralschneider Spiralen drehen.

5 Frühlingswiebeln in Ringe schneiden. Paprika entkernen und würfeln. Tomaten halbieren oder vierteln.

6 Steakfleisch in einer Pfanne mit Sesamöl scharf anbraten und mit Sojasauce ablöschen.

DRESSING

7 Knoblauchzehe in den Mixtopf geben, 5 Sek. / Stufe 5 zerkleinern. Mit dem Spatel alles vom Rand runterschieben.

8 Öl, Essig, Erdnussbutter, Chilisauce, Sojasauce, Honig und Limettensaft zugeben, 30 Sek. / Stufe 4 verrühren.

9 Dressing in die Gläser füllen.

10 Jetzt in der Reihenfolge einschichten: Brokkoli, abgetropfte Reisnudeln, Fleisch, Frühlingszwiebeln, Möhren, Koriander, Paprika, Tomaten, Rucola und Spinat.

11 Mit Sesam und Cashewkernen toppen.

SPARGEL-STROMBOLI

ca. 4–6 Portionen | mittel | 60 Min. + 4–6 Std. Ruhezeit + 20 Min. Backzeit

ZUTATEN:

250 g Wasser
5 g frische Hefe
500 g Weizenmehl, Type 550
1 TL Salz
40 g Olivenöl
600 g Wasser
1 TL Salz
1/2 TL Zucker
500 g Spargel, geschält
1 Schalotte
1 Knoblauchzehe
30 g Butter
1 TL Petersilie, getrocknet
100 g Crème Fraîche
Salz & Pfeffer
1 Scheibe gek. Schinken
50 g Gouda, gerieben
1 Eigelb mit Milch verquirlt
25 g Parmesan

1. Wasser und Hefe in den Mixtopf geben, 3 Min. / 37°C / Stufe 2 erwärmen.
2. Mehl, Salz und Öl zufügen, 5 Min. / Teigstufe kneten, in eine Schüssel umfüllen und 4–6 Stunden gehen lassen.
3. Wasser mit Salz und Zucker in den Mixtopf geben, Spargel in den Varomabehälter geben, aufsetzen, 20 Min. / Varoma / Stufe 1 garen.
4. Varomabehälter abnehmen. Mixtopf leeren und trocknen.
5. Schalotte und Knoblauchzehe in den Mixtopf geben, 5 Sek. / Stufe 5 zerkleinern, mit dem Spatel alles vom Rand runterschieben.
6. Butter zugeben, 3 Min. / 120°C / Stufe 1 andünsten.
7. Petersilie, Crème Fraîche, Salz und Pfeffer zugeben, 15 Sek. / Stufe 3 verrühren.
8. Den Backofen auf 180°C Umluft oder 200°C Ober-/Unterhitze vorheizen.
9. Den Teig ausrollen, mittig mit der Crème Fraîche-Mischung bestreichen, Schinken darauflegen, ebenso den Spargel. Mit Gouda bestreuen.
10. Teig an den Seiten einschneiden und übereinanderschlagen.
11. Nochmal 30 Minuten ruhen lassen.
12. Mit Eigelbmilch bestreichen und mit dem Parmesan bestreuen.
13. Stromboli auf ein mit Backpapier ausgelegtes Backblech setzen und im Ofen ca. 20 Minuten goldbraun backen.

TIPP!

WENN IHR DEN HEFEANTEIL AUF 20 G ERHÖHT, BRAUCHT DER TEIG NUR CA. 1 STUNDE RUHEN.

Hähnchenschiffchen

6 Portionen   mittel   45 Min. + 15 Min. Backzeit

ZUTATEN:

800 g Wasser
1 EL Gemüsebrühpulver
300 g Hähnchenbrustinnenfilet
400 g Brokkoli, in Röschen
1 rote Paprikaschote, gewürfelt
1 Knoblauchzehe
100 g Mayonnaise
150 g griechischer Joghurt
150 g Gouda, gerieben
1 TL Dill, getrocknet
2 Dosen Croissantteig
1 Eigelb, verquirlt
Salz, Pfeffer & Paprika

1 | Wasser und Gemüsebrühpulver in den Mixtopf geben, Hähnchenbrustinnenfilet in das Garkörbchen legen, Brokkoli in den Varomabehälter geben.

2 | Garkörbchen einhängen, Varomabehälter aufsetzen, 22 Min. / Varoma / Stufe 1 garen. Mixtopf leeren.

3 | Das Fleisch etwas auskühlen lassen, in mundgerechte Stücke schneiden, den Brokkoli klein schneiden und zusammen mit den Paprikawürfeln in eine Schüssel geben.

4 | Knoblauch in den Mixtopf geben, 5 Sek. / Stufe 5 zerkleinern.

5 | Mayonnaise, Joghurt, 100 g vom Gouda und Dill zugeben, gut mit Salz, Pfeffer und Paprika würzen und 30 Sek. / Stufe 3 mischen und zum Fleisch und Gemüse geben. Alles gut mischen.

6 | Den Backofen auf 175 °C Umluft vorheizen.

7 | Den Croissantteig aus den Dosen nehmen, entrollen und jeweils entlang der Perforation in 3 Rechtecke teilen. 2 Stücke bleiben also jeweils zusammen.

8 | Den Teig an der Perforation zusammendrücken, so dass eine geschlossene Teigplatte entsteht. So habt ihr am Ende 6 Teigplatten.

9 | Diese nun an den kürzeren Enden zusammendrücken, ein Schiff formen, auf 2 mit Backpapier ausgelegte Backbleche setzen.

10 | Die Hähnchen-Käse-Mischung auf den Schiffchen verteilen und die Ränder mit verquirltem Eigelb bestreichen.

11 | Restlichen Käse darüberstreuen und im Ofen ca. 15 Minuten goldbraun backen.

TIPP!

HIER KÖNNT IHR AUCH SELBSTGEMACHTEN BLÄTTERTEIG VERWENDEN.

TIPP!

AJVAR IST EINE WÜRZPASTE AUS PAPRIKA, DIE IHREN URSPRUNG AUF DEM BALKAN HAT. ES GIBT SIE MILD UND IN SCHARF.

BLÄTTERTEIGKRINGEL

12 Stück   leicht   15 Min. + 25 Min. Backzeit

ZUTATEN:

2 Schalotten
20 g neutrales Öl
150 g Schinkenspeckwürfel
20 g Ajvar, scharf
100 g Schmand
2 Rollen frischer Blätterteig
200 g geriebener Käse nach Wahl
1 Ei, Größe M
1 EL Sahne
100 g gemischte Saaten, nach Wahl

1| Den Backofen auf 160°C Umluft vorheizen.

2| Schalotten in den Mixtopf geben und 5 Sek. / Stufe 5 zerkleinern, mit dem Spatel alles vom Rand runterschieben.

3| Öl und Schinkenspeckwürfel hinzufügen, 3 Min. / 120°C / Stufe 1 andünsten.

4| Ajvar und Schmand hinzufügen, 10 Sek. / Stufe 2 verrühren.

5| 1 Rolle Blätterteig entrollen und die Masse darauf verteilen, mit Käse bestreuen.

6| Die 2. Rolle Blätterteig entrollen, drauflegen und andrücken. Papier entfernen, beiseitelegen.

7| Das Ei mit Sahne in einer kleinen Schüssel verquirlen, den Blätterteig mit der Hälfte vom Ei bestreichen und mit der Hälfte der Saaten bestreuen.

8| Das Papier von der Blätterteigrolle wieder auflegen und das Ganze einmal umdrehen. Die andere Seite ebenso mit Ei bestreichen und mit den restlichen Saaten bestreuen.

9| 2 Backbleche mit Backpapier belegen.

10| Die Teigplatte in 12 gleichgroße Streifen schneiden, jeden Teigstrang in sich verdrehen, zu einem Kringel legen und auf die Backbleche verteilen. Im Ofen ca. 25 Minuten goldbraun backen.

PIZZA PRETZEL BALLS

10–12 Stück (Ø 26 cm Springform) | leicht | 30 Min. + 85 Min. Ruhezeit + 20 Min. Backzeit

ZUTATEN:

Teig:
270 g Wasser
1/2 Würfel Hefe
500 g Mehl
50 g neutrales Öl
1 gestr. TL Salz

Füllung:
10 Mini-Mozzarellakugeln
10 Scheiben Salami
250 g heißes Wasser
ca. 35 g Backnatron
1 EL geschmolzene Butter
1 gestr. TL Salz
1 TL Petersilie, getrocknet

1 Wasser und Hefe in den Mixtopf geben, 3 Min. / 37°C / Stufe 2 erwärmen, 5 Minuten ruhen lassen.

2 Die restlichen Teigzutaten zugeben, 5 Min. / Teigstufe kneten, in eine Schüssel geben und abgedeckt ca. 1 Stunde gehen lassen, bis sich sein Volumen deutlich vergrößert hat.

3 Teig auf eine leicht bemehlte Arbeitsfläche geben, in 10–12 gleichgroße Portionen teilen und zu Kugeln formen.

4 Jeden Teigling zu einem Kreis ausrollen, jeweils eine Salamischeibe und eine Mozzarellakugel in die Mitte setzen.

5 Das heiße Wasser in einer kleinen Schüssel mit dem Natron verrühren.

6 Die Kugel verschließen, in die Natronlauge eintauchen und mit dem Verschluss nach unten in eine gefettete Springform setzen.

7 Abgedeckt nochmal 20 Minuten ruhen lassen, den Backofen auf 200°C Ober-/Unterhitze vorheizen.

8 Nach der Ruhezeit die Pizza Pretzel Balls ca. 20 Minuten goldbraun backen, die geschmolzene Butter mit Salz und Petersilie verrühren und sofort damit bepinseln.

9 Nach Belieben mit etwas geriebenem Parmesan bestreuen.

LANGOSCH

4–6 Stück | leicht | 30 Min. + 45 Min. Ruhezeit

ZUTATEN:

Knoblauchcreme:
2–3 Knoblauchzehen
1 Handvoll Petersilie, gehackt
200 g Schmand
200 g saure Sahne
Salz & Pfeffer

Teig:
210 g Wasser
150 g Milch
1 TL Zucker
1 Würfel Hefe
500 g Mehl
1 TL Salz
Rapsöl zum Ausbacken

Topping:
200 g geriebener Käse
125 g Schinkenspeckwürfel

1| Knoblauchzehen und Petersilie in den Mixtopf geben, 4 Sek. / Stufe 8 zerkleinern.

2| Schmand und saure Sahne zugeben, 10 Sek. / Stufe 3 verrühren. Mit Salz und Pfeffer abschmecken, in eine Schüssel umfullen, im Kühlschrank ziehen lassen.

3| Wasser, Milch, Zucker und Hefe in den Mixtopf geben, 3 Min. / 37°C / Stufe 2 erwärmen.

4| Mehl und Salz zugeben, 5 Min. / Teigstufe kneten.

5| Den Teig in eine Schüssel umfüllen und ca. 45 Minuten gehen lassen.

6| Die Hände etwas einölen, den Teig auf eine leicht bemehlte Arbeitsfläche geben.

7| Mit einem Messer in 6 Stücke schneiden.

8| Jedes Teigstück zu flachen Fladen drücken von ca. 1 cm Dicke.

9| Einen Topf oder tiefe Pfanne mit Öl erhitzen. Das Öl ist heiß genug, wenn an einem Holzstäbchen Blasen aufsteigen.

10| Die Fladen in das heiße Öl geben und von jeder Seite ca. 2–3 Min. backen, bis sie goldgelb sind, aus dem Öl nehmen und auf Küchenkrepp abtropfen lassen.

11| Mit der Knoblauchcreme bestreichen, mit Käse und Schinkenspeckwürfeln bestreuen und noch heiß servieren.

TIPP!

AUCH LECKER: LANGOSCH MIT FRISCHKÄSE BESTREICHEN.

DIPS & AUFSTRICHE

HAYDARI – TÜRKISCHE KÄSECREME

Seite 38

Von süß bis pikant: Unsere Aufstrich- und Diprezepte begleiten Dich vom Frühling bis zum Winter, beim Grillen draußen und beim Chillen drinnen!

KARTOFFELCREME

4 Portionen · leicht · 5 Min.

ZUTATEN:

1 Schalotte
2 Knoblauchzehen
1 Handvoll Kräuter nach Wahl, z.B. Petersilie, Dill, Schnittlauch
250 g Quark, 40 %
200 g Crème Fraîche
1 TL Olivenöl
1/2 TL Zucker
1 Spritzer Zitronensaft
2 Prisen Pfeffer
1/2 TL Salz

1 | Schalotte, Knoblauchzehen und Kräuter in den Mixtopf geben, 5 Sek. / Stufe 6 zerkleinern, mit dem Spatel alles vom Rand runterschieben.

2 | Quark, Crème Fraîche, Öl, Zucker, Zitronensaft, Salz und Pfeffer zugeben, 30 Sek. / Stufe 3 verrühren.

HAYDARI – TÜRKISCHE KÄSECREME

ca. 380 g ♥♡♡ leicht 5 Min.

ZUTATEN:

1 Bund glatte Petersilie
1–2 Knoblauchzehen
200 g Schafskäse
175 g Joghurt, 10 %
1 TL Pul Biber (türkischer Blättchen-Paprika)
1 Schuss Olivenöl
Salz & Pfeffer
2 Peperoni

1. Petersilie und Knoblauch in den Mixtopf geben, 3 Sek. / Stufe 8 zerkleinern und alles mit dem Spatel nach unten schieben.

2. Schafskäse zugeben und 5 Sek. / Stufe 4 zerkleinern.

3. Joghurt, Pul Biber und Öl hinzugeben und 10 Sek. / Stufe 3 verrühren, mit Salz und Pfeffer abschmecken.

4. Die Peperoni in feine Ringe schneiden und über die Paste streuen.

TIPP!

MIT DEM ZUSATZ VON 1 TL GETROCKNETER MINZE WIRD DIE CREME NOCH VERFEINERT. PUL BIBER BEKOMMT IHR IM TÜRKISCHEN SUPERMARKT.

Pizzabrötchen-Butter

ca. 180 g | leicht | 5 Min.

ZUTATEN:

20 g getrocknete Tomaten in Öl, abgetropft
2 Knoblauchzehen
1/2 TL Salz
2 Prisen Pfeffer
2 Prisen Paprika, edelsüß
150 g Butter, weich

1| Tomaten und Knoblauchzehen in den Mixtopf geben, 3 Sek. / Stufe 8 zerkleinern.

2| Mit dem Spatel alles nach unten schieben und Vorgang ggf. wiederholen.

3| Restliche Zutaten zugeben und 25 Sek. / Stufe 3 cremig mischen.

TIPP!

DIESE BUTTER PASST PERFEKT ZU UNSEREN PIZZABRÖTCHEN VON SEITE 139.

Bacon-Butter

ca. 400 g | leicht | 10 Min.

ZUTATEN:

120 g Bacon
1 Handvoll Petersilie
250 g Butter, weich
20 g Röstzwiebeln
2 EL Ahornsirup
1 TL Pimenton de la Vera
1 TL Salz
1 TL Pfeffer

1| Bacon in der Pfanne knusprig braten. Auf Küchenpapier abtropfen und erkalten lassen.

2| Petersilie in den Mixtopf geben, 3 Sek. / Stufe 8 zerkleinern.

3| Butter, Bacon und Röstzwiebeln zugeben, 1 Min. / Stufe 3 verrühren.

4| Ahornsirup, Paprikapulver, Salz und Pfeffer zugeben, nochmal 1 Min. / Stufe 3 mischen.

TIPP!

NOCH SPECKIGER UND WÜRZIGER WIRD ES, WENN IHR 1 EL VOM BACONFETT MIT ZUGEBT. PIMENTON DE LA VERA IST GERÄUCHERTES PAPRIKAPULVER.

KRÄUTERBUTTERCREME

ca. 260 g leicht 5 Min.

ZUTATEN:
2 Knoblauchzehen
250 g Butter, weich
1 Spritzer Worcestersauce
1 Spritzer Zitronensaft
Salz & Pfeffer
2 EL TK-Kräuter
1 TL Olivenöl

1. Knoblauch in den Mixtopf geben, 3 Sek. / Stufe 8 zerkleinern.
2. Rühraufsatz einsetzen, restliche Zutaten hinzufügen und alles 3 Min. / Stufe 3 cremig rühren.

TIPP!

DIE KRÄUTERBUTTER WIRD WUNDERBAR CREMIG.
BEI DEN KRÄUTERN KÖNNT IHR NEHMEN, WAS EUCH SCHMECKT.

Steakbutter

ca. 300 g · leicht · 5 Min.

ZUTATEN:

4 getrocknete Tomaten
3 Knoblauchzehen
250 g Butter, weich
1 TL TK-Kräuter, nach Wahl
1 EL Harissa-Paste
Salz & Pfeffer
1/2 TL Cumin
25 g Tomatenmark
1 EL Limettensaft
1 TL Honig
1 TL Paprika

1. Tomaten und Knoblauchzehen in den Mixtopf geben, 5 Sek. / Stufe 5 zerkleinern.

2. Restliche Zutaten zugeben, alles 3 Min. / Stufe 3.5 cremig rühren, in eine Schüssel umfüllen und im Kühlschrank 2 Stunden ziehen lassen.

TIPP!

HARISSA IST EINE AUS DEM MAGHREB STAMMENDE, SCHARFE GEWÜRZPASTE AUS FRISCHEN CHILIS, KREUZKÜMMEL, KORIANDERSAMEN, KNOBLAUCH, SALZ UND OLIVENÖL. IHR BEKOMMT SIE IN DER GEWÜRZABTEILUNG.

KÄSEDIP ZU NACHOS

ca. 300 g | leicht | 15 Min.

ZUTATEN:

20 g Butter
20 g Mehl
100 g Milch
50 g Sahne
100 g Cheddar, in Stücken
1/2 TL Salz
1/4 TL Zwiebelpulver
1/4 TL Knoblauchpulver
1 Prise Chiliflocken
2 EL Salsasauce

1. Butter in den Mixtopf geben, 3 Min. / 100°C / Stufe 1 schmelzen, Mehl zufügen, 3 Min. / 100°C / Stufe 1 anschwitzen.

2. Milch und Sahne zugeben, 6 Min. / 90°C / Stufe 3 erhitzen.

3. Cheddar, Gewürze und Salsasauce hinzugeben, nochmal 3 Min. / 80°C / Stufe 1 unterrühren und schmelzen lassen.

4. Der Dip soll cremig sein – ist er zu fest noch mehr Milch zugeben. Sofort servieren.

Himbeer-Kokos-Marmelade

ca. 3 Gläser   ♥♡♡ leicht   20 Min.

ZUTATEN:

750 g TK-Himbeeren
500 g Gelierzucker 2:1
200 g cremige Kokosmilch
Mark von 1 Vanilleschote
1–2 TL Kokossirup
1 EL Zitronensaft
optional 1 Schluck weißer Rum

1 Himbeeren mit Gelierzucker in den Mixtopf geben, 10 Sek. / Stufe 10 zerkleinern.

2 Alle weiteren Zutaten, bis auf den optionalen Schluck Rum, hinzugeben und 16 Min. / 100°C / Stufe 2.5 aufkochen.

3 Gelierprobe durchführen!

4 Wer jetzt die fruchtig-frische Marmelade abrunden möchte, gibt einen Schluck Rum dazu und rührt ihn 20 Sek. / Stufe 6 unter.

5 Marmelade sofort in sterilisierte oder in zumindest sehr heiß ausgespülte Gläser füllen und verschließen.

TIPP!

FÜR DIE GELIERPROBE 1–2 TL HEIẞE MARMELADE AUF EINEN KLEINEN TELLER GEBEN. WIRD DIE FRUCHTMASSE NACH 1–2 MINUTEN ABKÜHLZEIT DICKLICH BIS FEST, WIRD DAS EINGEMACHTE SPÄTER NACH DEM ERKALTEN AUSREICHEND FEST SEIN.

ERDBEER-SAMT-MARMELADE

4 Gläser   ♥♡♡ leicht   30 Min.

ZUTATEN:

900 g Erdbeeren
300 g Gelierzucker 3:1
1/2 TL Vanilla Bean Paste

1| Erdbeeren putzen und entkelchen. Zusammen mit Zucker und Vanille in den Mixtopf geben. Alternativ das Mark von 1 Vanilleschote nehmen. 10 Sek. / Stufe 8 zerkleinern, dann 14 Min. / 100°C / Stufe 1 aufkochen.

2| Am Schluss noch einmal 10 Sek. / Stufe 8 pürieren und in heiß ausgespülte Gläser füllen.

TIPP!

VANILLA BEAN PASTE IST NOCH INTENSIVER IM GESCHMACK ALS VANILLEEXTRAKT UND WIRD OHNE ZUSATZ VON ALKOHOL HERGESTELLT. MAN BEKOMMT ES IN DER BACKABTEILUNG. ALTERNATIV DAS MARK VON 1 VANILLESCHOTE NEHMEN.

AUFLÄUFE, PASTA & HAUPTGERICHTE

MEDITERRANE HACKBÄLLCHEN

Seite 65

Köstliche Gerichte, Aufläufe und Pasta-Rezepte. Für jeden Geschmack ist was dabei! Uns beiden schmeckt alles!

FILETTOPF

4 Portionen ♥♡♡ leicht 30 Min.

ZUTATEN:

1 Zwiebel
1 Knoblauchzehe
30 g Butter
100 g Schinkenspeckwürfel
300 g kl. Champignons, halbiert
100 g Wasser
100 g Weißwein
200 g Sahne
200 g Crème Fraîche
1 EL Gemüsebrühpulver
1 TL Dijon-Senf
1 EL Tomatenmark
1 TL Speisestärke
1 EL Petersilie, gehackt
1000 g Schweinefilet
Butterschmalz
Salz & Pfeffer

1 Zwiebel und Knoblauch in den Mixtopf geben, 5 Sek. / Stufe 5 zerkleinern, mit dem Spatel alles vom Topfrand runterschieben.

2 Butter und Schinkenspeckwürfel zugeben, 5 Min. / 120°C / Linkslauf / Stufe 1 andünsten.

3 Champignons, Wasser, Weißwein, Sahne, Crème Fraîche, Gemüsebrühpulver, Senf, Tomatenmark, Speisestärke und Petersilie zufügen, 5 Min. / 90°C / Linkslauf / Stufe 2 köcheln lassen.

4 In der Zwischenzeit das Schweinefilet in Butterschmalz rundherum anbraten und garen, mit Salz und Pfeffer würzen, herausnehmen und abkühlen lassen.

5 Filet erst in Scheiben, dann in Streifen schneiden.

6 Schweinefilet mit der Sauce mischen, nochmal abschmecken und mit Petersilie garniert anrichten.

TIPP!

DAZU PASST AM BESTEN EIN FRISCHES BAGUETTE, ABER AUCH SPÄTZLE, REIS ODER POMMES FRITES SIND GUTE BEILAGEN. UND MIT EINEM FRISCHEN SALAT WIRD DIE MAHLZEIT KOMPLETT. WEISSWEIN KANN DURCH WASSER ERSETZT WERDEN UND SCHWEINEFILET DURCH HÄHNCHENBRUST.

Köttbullar

4 Portionen · leicht · 45 Min.

TIPP!

DAZU PASSEN POMMES, BANDNUDELN UND AUCH REIS.

ZUTATEN

50 g Semmelbrösel
150 g Sahne
1 TL Salz
1/2 TL Pfeffer
1 Prise Piment
1/2 TL Dijon-Senf
1 Schalotte
10 g Butterschmalz
400 g Rinderhack
1 Ei, Größe M
400 g Rinderfond
100 g Wasser
200 g Sahne
2 TL Sojasauce
1 Prise Pfeffer
20 g Butter
40 g Mehl

1| Semmelbrösel mit der Sahne, Salz, Pfeffer, Piment und Senf in einer Schüssel verrühren, 5 Minuten ruhen lassen.

2| Schalotte in den Mixtopf geben und 3 Sek. / Stufe 5 zerkleinern, Butterschmalz hinzufügen und 4 Min. / 120°C / Stufe 1 andünsten.

3| Hackfleisch, Ei, Sahne-Paniermehl-Gemisch zugeben, 1 Min. / Teigstufe verkneten, daraus mit feuchten Händen ca. 16 kleine Fleischbällchen formen, in einer Pfanne anbraten und in den Varomabehälter legen.

4| In den Mixtopf 300 g Rinderfond und das Wasser geben, Varoma aufsetzen und alles ca. 20 Min. / Varoma / Stufe 1 garen.

5| Varoma absetzen.

6| Restlichen Rinderfond, Sahne, Sojasauce, Pfeffer, Butter und Mehl zugeben, 10 Sek. / Stufe 4 verrühren, dann 5 Min. / 100°C / Stufe 2 aufkochen.

SCHASCHLIK-TOPF

6 Portionen · leicht · 45 Min. + 2 Std. Backzeit

ZUTATEN:

1 Gemüsezwiebel
1 Chilischote, getrocknet
25 g Olivenöl
800 g Geflügelfond
140 g Honig
140 g Zuckerrübensirup
100 g Rotweinessig
2 Tuben Tomatenmark à 200 g, 3-fach konzentriert
400 g Dosentomaten
70 g Worcestersauce
3 EL Paprika
1 EL Curry
300 g Speck
3 Paprikaschoten, je 1 x rot, gelb und grün
4 Zwiebeln, geviertelt oder geachtelt
1000 g Schweinegulasch
Butterschmalz
Salz

1| Gemüsezwiebel und Chilischote in den Mixtopf geben, 5 Sek. / Stufe 5 zerkleinern, mit dem Spatel alles vom Rand runterschieben.

2| Öl zugeben, 4 Min. / 120°C / Stufe 1 andünsten.

3| Geflügelfond, Honig, Zuckerrübensirup, Essig, Tomatenmark, Dosentomaten, Worcestersauce, Paprika und Curry zugeben, 25 Min. / 100°C / Stufe 1 kochen.

4| In der Zeit den Speck würfeln, die Paprikaschoten putzen, entkernen und in löffelgroße Stücke schneiden.

5| Zwiebeln schälen, vierteln oder achteln.

6| Gulasch, Paprika, Zwiebeln und Speck in einem Topf in heißem Butterschmalz portionsweise anbraten, salzen.

7| Den Backofen auf 160°C Ober-/Unterhitze vorheizen.

8| Gulasch und Gemüse in einen Bräter geben und mit der Sauce mischen, Deckel aufsetzen und im Ofen ca. 2 Stunden garen.

9| Nach dieser Garzeit wird das Fleisch wunderbar mürbe und zart und die Sauce aromatisch.

10| Nochmal abschmecken und servieren.

TIPP!

GANZ KLASSISCH KANN FLEISCH UND GEMÜSE AUCH ABWECHSELND AUF SPIEßE GESTECKT WERDEN UND DANN IN DER SAUCE GEGART WERDEN.

HÄHNCHENBRUST GEBACKEN MIT BASMATI-REIS UND SWEET CHILI SAUCE

4 Portionen | mittel | 45 Min. + 1 Std. Ruhezeit

ZUTATEN:

500 g Hähnchenbrustfilet, in Würfeln
ca. 500 g Rapsöl

Teig:
1 Ei, Größe M
1/2 TL Salz
100 g Mehl
100 g Speisestärke
1 Pk. Backpulver
125 g sehr kaltes Wasser

Basmati-Reis:
250 g Basmati-Reis
1000 g Wasser
1 TL Meersalz

Sweet Chili Sauce:
2 Chilischoten, rot
3 Knoblauchzehen
180 g Wasser
120 g Zucker
60 g Essig oder Reisessig
1 TL Meersalz
1 EL Speisestärke
2 EL Wasser

SWEET CHILI SAUCE:

1| Knoblauch und Chilischoten in den Mixtopf geben, 5 Sek. / Stufe 5 zerkleinern.

2| Wasser, Zucker, Essig und Salz zugeben, 10 Min. / 100°C / Stufe 2 köcheln lassen.

3| In einer kleinen Schüssel die Speisestärke mit dem Wasser anrühren, in den Mixtopf zugeben und nochmal 3 Min. / 100°C / Stufe 2 aufkochen.

TEIG:

4| Ei und Salz in den Mixtopf geben, 10 Sek. / Stufe 5 verrühren.

5| Mehl, Speisestärke und Backpulver mit dem Wasser zugeben, 20 Sek. / Stufe 4 zu einem glatten Teig verrühren, in eine Schüssel umfüllen und verschlossen 1 Stunde im Kühlschrank quellen lassen.

REIS:

6| Den Basmati-Reis ins Gakörbchen einwiegen.

7| Das Wasser und Meersalz dazugeben und 18–20 Min. / Varoma / Stufe 3 garen.

8| Sobald das Wasser hochkocht, auf Stufe 4 stellen.

HÄHNCHENBRUST:

9| Während der Reis kocht, wird das Fleisch zubereitet, dazu wird das Öl in einem Topf erhitzt. Die Hähnchenbrustfiletwürfel durch den Teig ziehen und im heißen Öl goldgelb ausbacken.

10| Nochmal abschmecken und mit Basmati-Reis und Sweet Chili Sauce servieren.

Honey BBQ Chicken

4 Portionen | leicht | 20 Min. + 30 Min. Backzeit

TIPP!

DAZU PASST AM BESTEN REIS.

ZUTATEN:

500 g Hähnchenbrustfilet
Salz & Pfeffer

Sauce:
1 Knoblauchzehe
10 g Öl
150 g Ketchup
50 g Essig
55 g brauner Zucker
60 g Honig
20 g Worcestersauce
30 g Dijon-Senf
1/2 TL Chiliflocken
Butterschmalz

1| Hähnchenbrustfilet mit Salz und Pfeffer würzen, in eine ofenfeste Form geben, den Backofen auf 220°C Ober-/Unterhitze vorheizen.

2| Knoblauchzehe in den Mixtopf geben, 5 Sek. / Stufe 5 zerkleinern, Öl zufügen, 2 Min. / 120°C / Stufe 1 andünsten.

3| Restliche Zutaten der Sauce zugeben, alles 15 Min. / 100°C / Stufe 1 aufkochen, über die Hähnchenbrustfilets gießen und ca. 30 Min. backen.

4| Je nach Dicke und Bräunungswunsch der Hähnchenbrust muss die Zeit angepasst werden.

5| Nach der Hälfte der Zeit mit einem Löffel die Sauce noch einmal über das Fleisch geben.

ORANGE CHICKEN

4 Portionen   leicht   30 Min. + 45 Min. Ruhezeit

ZUTATEN:

3 Knoblauchzehen
180 g Wasser
1 TL Hühnerbrühpulver
180 g Orangensaft
1 1/2 TL Orangenschale
45 g Balsamicoessig, hell
60 g Sojasauce
115 g brauner Zucker
3 Knoblauchzehen
1 TL gemahlener Ingwer
1/2 TL Cayennepfeffer
750 g Hähnchenbrustfilet, in Stücken
25 g Speisestärke
2 EL kaltes Wasser
3 Eiweiß, Größe M

Teig:
160 g Speisestärke
1/2 TL Backpulver
1/4 TL Cayennepfeffer
Erdnuss- oder Rapsöl zum Ausbacken

1. Knoblauchzehen in den Mixtopf geben und 5 Sek. / Stufe 5 zerkleinern.

2. Alle Zutaten bis 1/2 TL Cayennepfeffer hinzufügen, 45 Sek. / Stufe 3.5 mixen.

3. 100 g der Marinade in eine Schüssel geben. Die Hähnchenstücke dazugeben, alles mischen und ca. 45 Minuten marinieren.

4. Speisestärke mit Wasser in einer Schüssel anrühren.

5. Restliche Marinade im Mixtopf 10 Min. / 100°C / Stufe 3 aufkochen, angerührte Speisestärke dazugeben und nochmal 2 Min. / 100°C / Stufe 3 aufkochen, bis sie sämig ist.

6. Das Eiweiß in einer Schüssel mit einem Rührbesen schaumig aufschlagen.

7. In einen tiefen Teller Speisestärke geben, mit Backpulver und Cayennepfeffer mischen.

8. Die Hähnchenstücke nach der Marinierzeit in ein Sieb geben und abtropfen lassen.

9. Erst in Eiweiß, dann in der Speisestärke wälzen und nun portionsweise in einer heißen Pfanne in Öl goldbraun backen. Auf einem Papiertuch abtropfen lassen.

10. Hähnchenstücke mit der Marinade mischen.

Hähnchentopf mit Gemüse und Reis

4 Portionen | leicht | 45 Min.

ZUTATEN:

500 g Hähnchenbrustfilet, in Würfeln
Salz, Pfeffer & Paprika, edelsüß
400 g TK-Mischgemüse, nach Wahl
Kräutersalz
250 g Parboiled Reis
1200 g Wasser

Sauce:
1 Schalotte
400 g Wasser
1 TL Gemüsebrühpulver
100 g Sahne
100 g Doppelrahmfrischkäse
2 geh. TL Speisestärke
1/4 TL Chiliflocken
1 Prise Zucker
1/4 TL Rauchsalz
2 EL gehackte Petersilie

1| Hähnchenbrustfilet in mundgerechte Würfel schneiden und in einer Pfanne scharf anbraten, mit Salz, Pfeffer und Paprika würzen, auf dem Varoma-Einlegeboden verteilen.

2| Gemüse in den Varomabehälter geben, mit Kräutersalz würzen.

3| Garkörbchen in den Mixtopf einsetzen, Reis einwiegen und Wasser hinzufügen.

4| Mixtopf verschließen, Varomabehälter aufsetzen, alles 25 Min. / Varoma / Stufe 3 garen. Varoma abnehmen, Garkörbchen entfernen und alles warmhalten.

5| Mixtopf leeren und trocknen.

6| Schalotte in den Mixtopf geben, 5 Sek. / Stufe 5 zerkleinern.

7| Wasser, Gemüsebrühpulver, Sahne, Frischkäse, Speisestärke, Chiliflocken, Zucker und Rauchsalz zugeben, 5 Min. / 80°C / Stufe 3 erwärmen.

8| Petersilie unterrühren, mit dem Gemüse und den Hähnchenbrustfiletwürfeln vermischen.

TIPP!

DAS RAUCHSALZ GIBT EIN LEICHTES SPECKAROMA.

Non-Fried Rice – All in one

4 Portionen | leicht | 45 Min.

ZUTATEN

2 Möhren
5 Champignons
100 g TK-Mais
200 g TK-Erbsen
1 Zwiebel
1 Knoblauchzehe
100 g Schinkenspeckwürfel
20 g Sesamöl
900 g Wasser
1 TL Gemüsebrühpulver
250–300 g Reis
3 Eier, Größe M, verquirlt
3 EL Sojasauce
1/2 TL Salz
1/4 TL Pfeffer
1/2 TL Curry
1 Prise Chiliflocken
2 Lauchzwiebeln, in Ringen

1| Möhren in Stücken in den Mixtopf geben und 4 Sek. / Stufe 5 zerkleinern. Champignons zugeben und 3 Sek. / Stufe 3 zerkleinern, in den Varomabehälter umfüllen, Mais und Erbsen zugeben.

2| Zwiebel und Knoblauch in den Mixtopf geben und 5 Sek. / Stufe 5 zerkleinern, alles mit dem Spatel vom Rand runterschieben.

3| Schinkenspeckwürfel und Öl zugeben, 5 Min. / 120°C / Stufe 1 andünsten und zum Gemüse in den Varomabehälter geben.

4| Wasser und Gemüsebrühpulver in den Mixtopf geben, den Reis in das Garkörbchen einwiegen, Deckel und Varomabehälter aufsetzen und alles 20 Min. / Varoma / Stufe 4 garen.

5| In der Zwischenzeit den Varoma-Einlegeboden mit Backpapier auslegen und die verquirlten Eier daraufgeben.

6| Varomabehälter abnehmen, den Reis in eine Schüssel umfüllen, warmhalten.

7| Varomabehälter mit dem gefüllten Einlegeboden wieder aufsetzen und weitere 5 Min. / Varoma / Stufe 4 garen.

8| Die Sojasauce in einer kleinen Schüssel in der Mikrowelle erwärmen und mit den Gewürzen verrühren.

9| Gemüse zum Reis geben. Das Ei mit dem Spatel in Stücke teilen, zur Reis-Gemüse-Mischung zugeben.

10| Gewürzte Sojasauce mit dem Reis-Gemüse-Mix vermengen, mit Salz und Pfeffer abschmecken und mit Lauchzwiebeln garniert servieren.

HACK-PFANNKUCHEN ÜBERBACKEN

5 Stück   leicht   45 Min. + 10 Min. Wartezeit + 15 Min. Backzeit

ZUTATEN:

Teig:
200 g Mehl
375 g Milch
1/2 TL Backpulver
3 Eier, Größe M
1 Prise Salz

Füllung:
500 g Rinderhack
1 kl. Zwiebel
1 Knoblauchzehe
20 g Öl
200 g Dosentomaten
50 g Tomatenmark
1 TL Gemüsebrühpulver
1 Prise Chilipulver
1 TL Kräuter der Provence
Salz & Pfeffer
1 kl. Dose Mais, ca. 150 g, abgetropft
50 g Schmand

Sauce:
20 g Butter
20 g Mehl
250 g Milch
1/4 TL Salz
1 gute Prise Pfeffer

Topping:
100 g Mozzarella
gehackte Petersilie

1 Alle Zutaten für den Teig in den Mixtopf geben, 30 Sek. / Stufe 3 verrühren, umfüllen und 10 Minuten quellen lassen.

2 Den Backofen auf 100 °C Umluft vorheizen.

3 In der Zwischenzeit das Hackfleisch in einer Pfanne krümelig anbraten und beiseitestellen.

4 Zwiebel und Knoblauchzehe in den Mixtopf geben, 5 Sek. / Stufe 5 zerkleinern, Öl zugeben, 3 Min. / 120 °C / Stufe 1 andünsten.

5 Dosentomaten, Tomatenmark, Gemüsebrühpulver, Chili, Kräuter der Provence zufügen, 10 Sek. / Stufe 4 verrühren, das angebratene Hackfleisch zugeben und alles 5 Min. / 100 °C / Stufe 1 aufkochen und mit Salz und Pfeffer abschmecken.

6 Mais und Schmand zugeben, 10 Sek. / Linkslauf / Stufe 2,5 unterrühren, umfüllen.

7 Mixtopf spülen.

8 In einer Pfanne aus dem Teig nacheinander 5 Pfannkuchen backen.

9 Ca. 3 EL Hackmasse auf jeden Pfannkuchen geben und aufrollen, in eine Auflaufform legen. Es bleibt noch Hackmasse übrig. Diese kommt nachher noch on Top.

10 Für die Sauce die Butter in den Mixtopf geben, 3 Min. / 100 °C / Stufe 1 schmelzen lassen, dann Mehl zugeben, 3 Min. / 100 °C / Stufe 1 anschwitzen.

11 Milch, Salz und Pfeffer zufügen, 6 Min. / 90 °C / Stufe 4 aufkochen und über die Pfannkuchen geben.

12 Restliche Hackmasse darüber verteilen, mit Mozzarella bestreuen und im Backofen ca. 15 Minuten überbacken, mit Petersilie bestreut servieren.

Bacon Bomb – Hackbraten im Speckmantel

4–6 Portionen   mittel   30 Min. + ca. 70 Min. Backzeit

ZUTATEN:

2 Zwiebeln
20 g Öl
1000 g gemischtes Hackfleisch
2 Eier, Größe M
2 altbackene Brötchen, in Milch eingeweicht
2 TL Paprika, edelsüß
1 TL Majoran, getrocknet
1 TL Petersilie, getrocknet
2 TL Salz
1 schwach geh. TL Pfeffer
1 TL Dijon-Senf
1 Prise Muskat
300 g Speckscheiben / Bacon
2 EL Ahornsirup

1 Den Backofen auf 180°C Ober-/Unterhitze vorheizen.

2 Zwiebeln schälen, halbieren und in den Mixtopf geben, 5 Sek. / Stufe 5 zerkleinern, den Vorgang wiederholen.

3 Öl hinzugeben, 3 Min. / 120°C / Stufe 1 andünsten.

4 Hackfleisch, Eier, die gut ausgedrückten Brötchen, Paprika, Majoran, Petersilie, Salz, Pfeffer, Senf und Muskat hinzufügen, mit Hilfe des Spatels 1 Min. / Linkslauf / Stufe 5 mischen.

5 Hackmasse auf Backpapier zu einem Rechteck formen, mit Hilfe des Backpapiers einrollen und zu einem Laib formen.

6 Erneut Backpapier auslegen und Speckscheiben gitterförmig darauflegen.

7 Hackbraten vorsichtig in der Mitte platzieren. Mit Hilfe des Backpapiers mit den Speckscheiben ummanteln und in einen Bräter, Tontopf o.ä. mit Deckel geben.

8 Im Ofen ca. 60 Minuten garen. Den Deckel abnehmen, Speck mit Ahornsirup bestreichen, Ofen auf Grillstufe stellen und weitere 5–10 Minuten Minuten knusprig backen.

TIPP!

WER EINE SAUCE ZUM HACKBRATEN REICHEN MÖCHTE, GIBT DEN ENTSTANDENEN FLEISCHSUD IN DEN MIXTOPF, EINEN SCHLUCK SAHNE DAZU, MIT SALZ, PFEFFER UND MUSKAT ABSCHMECKEN, 5 MIN. / 100°C / STUFE 1 AUFKOCHEN.

Bourbon Chicken

4 Portionen | ♥♡♡ leicht | 30 Min.

ZUTATEN:

700 g Hähnchenbrustfilet
1 Knoblauchzehe
25 g Olivenöl
1/4 TL Ingwer, gemahlen
1/2 TL Chiliflocken, getrocknet
80 g brauner Zucker
30 g Ketchup
1 EL Apfelessig
70 g Wasser
80 g Sojasauce
15 g Speisestärke

1. Hähnchenbrust in mundgerechte Stücke schneiden und in einer Pfanne scharf anbraten.

2. Knoblauchzehe in den Mixtopf geben und 3 Sek. / Stufe 5 zerkleinern, mit dem Spatel alles vom Rand runterschieben.

3. Öl, Ingwer und Chiliflocken hinzufügen, 2 Min. / 120°C / Stufe 2 andünsten, alle restlichen Zutaten hinzugeben, 5 Min. / 100°C / Stufe 2 aufkochen.

4. Die angebratenen Hähnchenbruststücke zufügen, alles nochmal 9 Min. / 100°C / Linkslauf / Sanftrührstufe garen.

MEDITERRANE HACKBÄLLCHEN

4 Portionen | leicht | 30 Min. + 45 Min. Backzeit

ZUTATEN:

Hackbällchen:
2 Schalotten
500 g Rinderhack
70 g Tomatenmark
1 TL Basilikum, getrocknet
1 TL Oregano, getrocknet
1 TL Meersalz
1 TL Pfeffer
20 g Olivenöl + Öl zum Anbraten

Sauce:
400 g gehackte Dosentomaten
70 g Tomatenmark
1 TL Gemüsebrühpulver
150 g Rotwein
100 g Wasser
1 TL Basilikum, getrocknet
1 TL Majoran, getrocknet
1 TL Oregano, getrocknet
Salz & Pfeffer
200 g Mozzarella

1| Den Backofen auf 180°C Umluft vorheizen.

HACKBÄLLCHEN:

2| Schalotten in den Mixtopf geben, **5 Sek. / Stufe 5** zerkleinern, mit dem Spatel alles vom Rand runterschieben.

3| Hackfleisch, Tomatenmark, Basilikum, Oregano, Salz, Pfeffer und Öl zugeben, **1 Min. / Teigstufe** kneten, mit einem EL Teig abstechen, mit nassen Händen zu kleinen Kugeln formen und im heißen Fett auf dem Herd anbraten, in eine Auflaufform geben.

SAUCE:

4| Tomaten, Tomatenmark, Gemüsebrühpulver, Rotwein, Wasser, Basilikum, Majoran und Oregano zugeben, **9 Min. / 100°C / Stufe 2** köcheln lassen, mit Salz und Pfeffer abschmecken.

5| Sauce über die Bällchen gießen, im Ofen 30 Minuten garen.

6| Den Mozzarella zerzupfen, über die Bällchen verteilen und weitere ca. 15 Minuten backen, bis der Käse schön zerlaufen ist.

TIPP!

WIR ESSEN AM LIEBSTEN BANDNUDELN DAZU ODER EINFACH NUR FRISCHES BAGUETTE.

HÜHNERFRIKASSEE

4 Portionen · leicht · 60 Min.

ZUTATEN:

1000 g Wasser
1 TL Salz
1/2 TL Butter
250 g Parboiled Reis
600 g Hähnchenbrustfilet
150 g Möhren, gestiftelt oder in feinen Scheiben
150 g Champignons, halbiert oder geviertelt
5 Stangen Spargel, in mundgerechten Stücken
150 g TK-Erbsen
50 g Butter
50 g Mehl
100 g Sahne
1-2 TL Gemüsebrühpulver oder selbstgemachte Gemüsepaste
1 TL Worcestersauce
1-2 TL Zitronensaft
3 Prisen Pfeffer
1 EL Petersilie oder Estragon, gehackt

1| Wasser, Salz und Butter in den Mixtopf geben, Reis in das Garkörbchen einwiegen, 5 Sek. / Stufe 8 um den Reis zu befeuchten.

2| Den Varoma-Einlegeboden mit feuchtem Backpapier auslegen; darauf achten, dass die Seitenschlitze frei bleiben und das Hähnchenbrustfilet hineinlegen

3| Möhren, Champignons und Spargel in den Varoma geben, Einlegeboden einsetzen, kompletten Varomabehälter aufsetzen und 20 Min. / Varoma / Stufe 2 garen.

4| Erbsen in den Varomabehälter zugeben, nochmal alles 10 Min. / Varoma / Stufe 2 garen.

5| Varomabehälterund Gareinsatz zur Seite stellen, Mixtopf leeren und Garflüssigkeit dabei auffangen.

6| Reis in eine Schüssel umfüllen, ebenso das Gemüse in eine Schüssel geben und warmhalten.

7| Butter in den Mixtopf geben, 2 Min. / 100°C / Stufe 1 schmelzen, dann Mehl zugeben, 3 Min. / 100°C / Stufe 1 anschwitzen.

8| 600 g Garflüssigkeit (evtl. mit Wasser aufgefüllt), Sahne, Gemüsebrühpulver, Worcestersauce, Zitronensaft und Pfeffer zugeben, 5 Min. / 100°C / Stufe 3 aufkochen.

9| In der Zwischenzeit das gegarte Hähnchenbrustfilet in mundgerechte Stücke schneiden, zum Gemüse geben.

10| Die Sauce 20 Sek. / Stufe 8 aufschäumen, zum Gemüse geben und das Frikassee mit Petersilie oder Estragon bestreut zum Reis servieren.

TIPP!

400 G SAHNE DURCH 200 G SAHNE & 200 G MILCH ERSETZEN.

Gnocchi-Auflauf

4 Portionen | leicht | 25 Min. + 25 Min. Backzeit

ZUTATEN:

2 Knoblauchzehen
1 Zwiebel
20 g Öl
300 g Champignons
200 g gek. Schinken, gewürfelt
200 g kl. Cocktailtomaten, halbiert
20 g getrocknete Tomaten, geschnitten
70 g Tomatenmark
400 g Sahne
1 EL Mehl
1 EL italienische Kräuter
1000 g Gnocchi, frisch
150 g Mozzarella
200 g geriebener Gouda

1. Den Backofen auf 180°C Umluft oder 200°C Ober-/Unterhitze vorheizen.

2. Knoblauchzehen und Zwiebel in den Mixtopf geben, 5 Sek. / Stufe 5 zerkleinern, mit dem Spatel alles vom Rand runterschieben.

3. Öl zugeben, 3 Min. / 120°C / Stufe 1 andünsten.

4. In dieser Zeit braten wir die Champignons und den Schinken in der Pfanne an und geben zum Schluss die Tomaten hinzu.

5. Wer nicht unbedingt die Röstaromen braucht, gibt Champignons, Schinken und Tomaten zu den angedünsteten Zwiebeln und dem Knoblauch dazu und dünstet alles nochmal 3 Min. / 120°C / Linkslauf / Stufe 1 an.

6. Tomatenmark hinzufügen, weitere 2 Min. / 120°C / Linkslauf / Stufe 1 andünsten, dann Sahne, Mehl und Kräuter zufügen, 5 Min. / 90°C / Linkslauf / Stufe 1 aufkochen.

7. Gnocchi in der Zeit auf dem Herd nach Packungsangabe ca. 1 Minute aufkochen, abtropfen lassen und in eine gefettete Auflaufform geben.

8. Sahnesauce darüber geben, den Mozzarella zerzupfen und daraufgeben, ebenso den geriebenen Käse darüber streuen und im Ofen ca. 25 Minuten überbacken.

GYROS-AUFLAUF

4 Portionen leicht 40 Min. + 35 Min. Backzeit

ZUTATEN:

1000 g Wasser
1 TL Butter
1/4 TL Salz
250 g Reis
750 g Gyrosfleisch, küchenfertig
1 Zucchini
1 rote Paprika
150 g Champignons
2 Knoblauchzehen
20 g Öl
250 g Sahne
150 g Crème Fraîche
1 TL Tomatenmark
1/2 TL Salz
1/4 TL Pfeffer
50 g Metaxa
200 g geriebener Käse

1 Wasser, Butter und Salz in den Mixtopf geben, das Garkörbchen einhängen und den Reis einwiegen, 20 Min. / 100°C / Stufe 4 kochen.

2 Reis umfüllen, Mixtopf leeren, säubern und trocknen.

3 Backofen auf 200°C Ober-/Unterhitze vorheizen, Gyros in einer Pfanne anbraten.

4 Zucchini in Scheiben schneiden und halbieren, Paprika entkernen und würfeln, Champignons in Scheiben schneiden.

5 Knoblauch in den Mixtopf geben, 5 Sek. / Stufe 5 zerkleinern, mit dem Spatel alles vom Rand runterschieben, das Öl zugeben, 3 Min. / 120°C / Stufe 1 andünsten.

6 Sahne, Crème Fraîche, Tomatenmark, Salz und Pfeffer zugeben, 5 Min. / 100°C / Stufe 1 aufkochen.

7 Metaxa zufügen, 2 Min. / 80°C / Stufe 2 unterrühren.

8 Gyros, Reis und Gemüse in eine Auflaufform geben, Sauce darüber verteilen, alles gut mischen, mit Käse bestreuen.

9 Die Auflaufform mit Alufolie abdecken, 20 Minuten backen.

10 Folie abnehmen, weitere 15 Minuten goldbraun überbacken.

KARTOFFEL-KOHLRABI-AUFLAUF

4 Portionen | leicht | 50 Min. + 10–15 Min. Backzeit

ZUTATEN:

200 g Gouda, in Stücken
1 Zwiebel
25 g Öl
500 g Wasser
1 TL Gemüsebrühpulver
700 g Kartoffeln, festkochend, in Würfeln
700 g Kohlrabi, in Würfeln
200 g gek. Schinken, in Würfeln

Sauce:
20 g Butter
30 g Mehl
400 g Sahne
100 g vom Kochsud
1/2 TL Salz
2 Prisen Muskat
15 g Sojasauce
1 geh. TL Gemüsebrühpulver
2 EL Petersilie, gehackt

1. Gouda in den Mixtopf geben, 10 Sek. / Stufe 6 zerkleinern und umfüllen.

2. Zwiebel in den Mixtopf geben, 5 Sek. / Stufe 5 zerkleinern, Öl hinzufügen, 3 Min. / 120°C / Stufe 1 andünsten.

3. Wasser und Gemüsebrühpulver zugeben, Gareinsatz mit den Kartoffeln einsetzen, Mixtopf verschließen.

4. Kohlrabi in den Varomabehälter geben, Varomabehälter aufsetzen, 28 Min. / Varoma / Stufe 1 garen.

5. Varomabehälter abnehmen, Mixtopf leeren und vom Kochsud 100 g auffangen.

6. Kartoffeln, Kohlrabi und Schinken in eine Auflaufform geben.

7. Den Backofen auf 200°C Umluft vorheizen.

8. Butter in den Mixtopf geben, 45 Sek. / 100°C / Stufe 1 schmelzen, dann Mehl zufügen, 2 Min. / 100°C / Stufe 1 anschwitzen.

9. Sahne, Kochsud, Salz, Muskat, Sojasauce, Gemüsebrühpulver und Petersilie zufügen, 3 Sek. / Stufe 5 verrühren, dann 6 Min. / 100°C / Stufe 1 aufkochen.

10. Sauce über den Kohlrabi-Kartoffel-Mix geben, mit dem geriebenen Gouda bestreuen und im Ofen ca. 10–15 Minuten überbacken.

TIPP!

ANSTATT SCHINKEN SCHMECKEN AUCH METTWÜRSTCHEN ODER HACKBÄLLCHEN SEHR GUT. SAHNE LÄSST SICH PROBLEMLOS DURCH MILCH ERSETZEN.

LASAGNE

4 Portionen · leicht · 80 Min. + 50 Min. Backzeit

ZUTATEN:

1 Zwiebel
2 Knoblauchzehen
30 g Öl
2 Dosen stückige Tomaten à 400 g
400 g passierte Tomaten
30 g Tomatenmark
20 g Zucker
1 1/2 TL Basilikum, getrocknet
1 TL italienische Kräuter, getrocknet
1 EL Salz
1/4 TL schwarzer Pfeffer
4 EL gehackte Petersilie
500 g Rinderhack
300 g Ricotta
1 Ei, Größe M
1/2 TL Salz
9 Lasagneblätter
2 Mozzarellakugeln, in Scheiben
100 g Parmesan, gerieben

1. Zwiebel und Knoblauch in den Mixtopf geben, 5 Sek. / Stufe 5 zerkleinern, Öl zufügen, 4 Min. / 120°C / Stufe 1 andünsten.

2. Stückige Tomaten, passierte Tomaten, Tomatenmark, Zucker, Basilikum, italienische Kräuter, Salz, Pfeffer und 2 EL Petersilie hinzugeben, mit dem Spatel einmal alles vermischen, 45 Min. / 100°C / Linkslauf / Stufe 1 ohne Messbecher köcheln lassen und dabei das Garkörbchen als Spritzschutz aufsetzen.

3. In dieser Zeit das Hackfleisch in Pfanne oder Topf krümelig anbraten, dann in den Mixtopf zugeben und alles nochmal 5 Min. / 100°C / Linkslauf / Stufe 1 ohne Messbecher kochen.

4. Umfüllen und Mixtopf spülen.

5. Ricotta, Ei, restliche Petersilie und Salz in den Mixtopf geben, 10 Sek. / Stufe 4 mischen oder in einer kleinen Schüssel verrühren.

6. Den Backofen auf 190°C Ober-/Unterhitze vorheizen.

7. Etwas Hackfleischsauce in einer Auflaufform auf dem Boden verteilen, 3 Lasagneblätter darauflegen.

8. Lasagneblätter mit etwas Ricottacreme bestreichen, mit Mozzarellascheiben belegen und mit Parmesan bestreuen. So weiterverfahren, bis alle Zutaten aufgebraucht sind.

9. Mit dem restlichen Mozzarella und dem Parmesan abschließen, Form mit Alufolie abdecken, 25 Minuten backen.

10. Nach 25 Minuten die Folie entfernen und weitere 25 Minuten backen. Vor dem Anschneiden 15 Minuten abkühlen lassen.

PASTA BELLA ITALIA

4 Portionen | leicht | 30 Min.

ZUTATEN:

300 g Pasta, nach Wahl
1 Zwiebel
1 Knoblauchzehe
20 g Öl
250 g Rinderhack
40 g Tomatenmark
50 g Nudelwasser
1 TL italienische Kräuter, getrocknet
1/2 TL Paprika, edelsüß
1/4 TL Zucker
1 TL Salz
1/2 TL Pfeffer
250 g Kirschtomaten, geviertelt
1 Bund Rucola
50 g geriebener Parmesan

1| Pasta nach Packungsanleitung auf dem Herd kochen.

2| Zwiebel und Knoblauch in den Mixtopf geben, 5 Sek. / Stufe 5 zerkleinern, Öl zugeben, 4 Min. / 120°C / Stufe 1 andünsten.

3| Hackfleisch hinzufügen, 5 Min. / 120°C / Linkslauf / Stufe 1 garen.

4| Tomatenmark, Nudelwasser, Kräuter, Paprika, Zucker, Salz und Pfeffer zugeben, weitere 2 Min. / 100°C / Linkslauf / Stufe 1 garen, zur abgetropften Pasta geben, alles gut verrühren.

5| Tomaten und Rucola unterheben.

6| Mit Parmesan bestreut servieren.

PASTA SCAMPI E SPINACI

4 Portionen · leicht · 30 Min.

ZUTATEN:

400 g Pasta, nach Wahl
20 Scampis
Öl zum Braten

Pesto:
50 g Basilikum
30 g Pinienkerne
1 Knoblauchzehe
Saft einer 1/2 Zitrone
50 g Olivenöl
1 Prise Salz
30 g geriebener Grana Padanao

Sauce:
80 g geriebener Grana Padano
120 g Sahne
100 g vom Pesto
2 Handvoll Baby-Blattspinat
12 Cherrytomaten, geviertelt

PESTO:

1 Alle Zutaten bis auf den Käse in den Mixtopf geben, 20 Sek. / Stufe 8 mixen, mit dem Spatel alles vom Rand runterschieben und nochmal ein paar Sekunden nachgeben.

2 Grana Padano zugeben, 20 Sek. / Stufe 6 vermischen und umfüllen.

3 Benötigt werden vom Pesto 100 g. Sollte noch ein Rest sein, in ein Glas füllen, mit Öl bedeckt, hält er sich im Kühlschrank mehrere Wochen.

4 Pasta auf dem Herd nach Packungsangabe garen.

5 Scampis in Öl in einer Pfanne anbraten.

SAUCE:

6 Grana Padano, Sahne und Pesto in den Mixtopf geben, 4 Min. / 100°C / Stufe 1 aufkochen.

7 Spinat und Tomaten zugeben, nochmal 1 Min. / 95°C / Linkslauf / Sanftrührstufe garen und zu den Scampis in die Pfanne geben.

8 Pasta in einem Sieb abtropfen lassen, mit heißem Wasser abspülen, mit Scampis, der Sauce und Tomaten anrichten und mit geriebenem Käse bestreuen.

CANNELLONI

4 Portionen | mittel | 45 Min. + 35–40 Min. Backzeit

ZUTATEN:

600 g Rinderhack
2 Knoblauchzehen
1 Zwiebel
1 Möhre
30 g Öl
40 g Tomatenmark
1 Dose stückige Tomaten, 425 g
150 g Cherrytomaten, geviertelt
Salz & Pfeffer
1/2 TL Paprika

Béchamelsauce:
40 g Butter
30 g Mehl
250 g Milch
250 g Wasser
1 TL Gemüsebrühpulver
1/2 TL Salz
2 Prisen Pfeffer
Muskat

außerdem:
18 Cannelloni
50 g geriebener Gouda
Oregano, getrocknet

1 Das Hackfleisch in einer Pfanne krümelig anbraten.

2 Knoblauch, Zwiebel und Möhre in den Mixtopf geben, 5 Sek. / Stufe 8 zerkleinern, Öl hinzufügen und 4 Min. / 120°C / Stufe 1 andünsten.

3 Tomatenmark zugeben, weitere 2 Min. / 120°C / Stufe 1 andünsten.

4 Dosentomaten und Cherrytomaten hinzufügen, 3 Min. / 100°C / Stufe 1 aufkochen.

5 Das angebratene Hackfleisch in den Mixtopf zu den Tomaten geben, 5 Min. / 100°C / Linkslauf / Sanftrührstufe köcheln lassen, umfüllen und mit Salz, Pfeffer und Paprika abschmecken.

6 Mixtopf spülen.

BÉCHAMELSAUCE:

7 Butter in den Mixtopf geben, 3 Min. / 100°C / Stufe 1 schmelzen lassen.

8 Mehl zugeben, weitere 3 Min. / 100°C / Stufe 1 anschwitzen.

9 Milch, Wasser, Gemüsebrühpulver, Salz, Pfeffer und Muskat zugeben, 6 Min. / 90°C / Stufe 4 aufkochen.

10 Den Backofen auf 180°C Umluft vorheizen.

11 Die Cannelloni senkrecht aufstellen, die Hackmasse in die Cannelloni füllen.

12 Übrige Hackmasse auf den Boden einer Auflaufform verteilen, die gefüllten Cannellonis darauf geben und die Béchamelsauce darübergeben. Gouda über die Cannelloni streuen.

13 Im Ofen ca. 35–40 Minuten backen. Sollte es zu dunkel werden, mit Alufolie abdecken.

TIPP!

DIE CANNELLONI KÖNNT IHR AM BESTEN MIT EINER SPRITZTÜTE ODER MIT EINEM LÖFFEL FÜLLEN.

SPAGHETTI MIT SCHINKEN-SAHNESAUCE

4 Portionen   leicht   20 Min.

ZUTATEN:

500 g Spaghetti
1 Schalotte
1 Knoblauchzehe
40 g Butter
30 g Mehl
250 g Milch
100 g Wasser
1/2 TL Gemüsebrühpulver
3 EL Schnittlauch, in Röllchen
1/2 TL Salz
1/4 TL Pfeffer
100 g Sahne
200 g gek. Schinken, in Würfeln

1 Spaghetti nach Packungsangabe auf dem Herd kochen.

2 Schalotte und Knoblauchzehe in den Mixtopf geben, 5 Sek. / Stufe 5 zerkleinern, mit dem Spatel alles vom Rand runterschieben und Vorgang wiederholen.

3 Butter zugeben, 3 Min. / 120°C / Stufe 1 andünsten, Mehl zugeben, weitere 3 Min. / 100°C / Stufe 1 anschwitzen.

4 Milch, Wasser, Gemüsebrühpulver, 1 EL Schnittlauch, Salz und Pfeffer zugeben, 9 Min. / 90°C / Linkslauf / Stufe 1 aufkochen.

5 Sahne und Kochschinken zufügen, 1 Min. / 100°C / Linkslauf / Stufe 2 unterrühren.

6 Sauce mit Spaghetti mischen und mit dem restlichen Schnittlauch garniert servieren.

MAC AND CHEESE

6 Portionen | leicht | 30 Min.

ZUTATEN:

400 g Hörnchennudeln

Sauce:
120 g Cheddar
60 g Parmesan
45 g Mehl
50 g Butter
1/2 TL Salz
1/2 TL Dijon-Senf
1 Prise Pfeffer
1 Prise Muskat
500 g Milch

1. Nudeln auf dem Herd nach Packungsangabe kochen.
2. In dieser Zeit Cheddar und Parmesan in Stücken in den Mixtopf geben, 10 Sek. / Stufe 10 zerkleinern.
3. Restliche Zutaten für die Sauce hinzufügen, 5 Sek. / Stufe 4 verrühren, dann 10 Min. / 90°C / Stufe 3 kochen.
4. Nudeln abgießen und sofort mit der Käsesauce mischen und servieren.

TIPP!

MAC & CHEESE IST IN AMERIKA EINFACH *DAS* FAMILIENESSEN. AUßERDEM FINDET MAN ES IN JEDEM RESTAURANT AUF DER SPEISEKARTE. OB ALS HAUPTGERICHT, BEILAGE ODER WAS AUCH IMMER MAC & CHEESE GEHT IMMER.
SEID KREATIV UND PROBIERT VERSCHIEDENE KÄSESORTEN AUS, SO KÖNNT IHR VERSCHIEDENE GESCHMACKSERLEBNISSE SCHAFFEN.

Rigatoni al forno

4–6 Portionen   leicht   60 Min. + 15 Min.

ZUTATEN:

200 g Rinderhack
350 g Rigatoni
1 Knoblauchzehe
1 Schalotte
20 g Olivenöl
90 g Tomatenmark
200 g Wasser
1 TL Gemüsebrühpulver
200 g Sahne
1 TL Pizzagewürz
1 TL Salz
1 Prise Cayennepfeffer
30 g kalte Butter
1 EL geriebener Parmesan
150 g gek. Schinken, in Streifen
100 g TK-Erbsen
100 g Mozzarella
100 g Edamer, gerieben

1 Rinderhack in einer Pfanne krümelig anbraten.

2 Pasta auf dem Herd nach Packungsangabe kochen.

3 Knoblauchzehe und Schalotte in den Mixtopf geben, 5 Sek. / Stufe 5 zerkleinern, Öl zugeben, 3 Min. / 120°C / Stufe 1 andünsten.

4 30 g Tomatenmark zugeben, weitere 2 Min. / 120°C / Stufe 1 andünsten.

5 Wasser, Gemüsebrühpulver, Sahne, restliches Tomatenmark, Pizzagewürz, Salz, Cayennepfeffer und angebratenes Hackfleisch zugeben, 30 Min. / 100°C / Stufe 1 kochen.

6 Den Backofen auf 180°C Ober-/Unterhitze vorheizen.

7 Butter, Parmesan, Schinken und Erbsen zugeben, 2 Min. / 90°C / Linkslauf / Stufe 1 unterrühren.

8 Mit Pasta mischen, in eine Auflaufform geben, mit Käse bestreuen und im Ofen ca. 15 Minuten überbacken.

Spaghetti-Auflauf mit viel Käse

4 Portionen | leicht | 40 Min. + 35 Min. Backzeit

ZUTATEN:

500 g Spaghetti
30 g Butter

Hack-Tomatensauce:
500 g Rinderhack
1 Zwiebel
20 g Öl
400 g passierte Tomaten
1/2 TL Basilikum, getrocknet
1/2 TL Oregano, getrocknet
1 Prise Zucker
1 TL Balsamicoessig, dunkel
1 TL Salz
1/4 TL schwarzer Pfeffer

Alfredo-Sauce:
2 Knoblauchzehen
50 g Sahne
1 1/2 TL Salz
1 TL schwarzer Pfeffer
400 g Frischkäse
100 g saure Sahne
40 g Butter
40 g geriebener Parmesan
200 g Mozzarella

1 Spaghetti nach Anleitung auf dem Herd kochen, abgießen, mit heißem Wasser abspülen und Butter unterrühren, die Hälfte Spaghetti in eine gefettete Auflaufform geben.

2 Das Hackfleisch in der Pfanne krümelig anbraten.

3 Zwiebel in den Mixtopf geben, 5 Sek. / Stufe 5 zerkleinern. Mit dem Spatel alles vom Rand runterschieben, Öl zugeben, 3 Min. / 120°C / Stufe 1 andünsten.

4 Passierte Tomaten, Kräuter, Zucker, Balsamico, Salz und Pfeffer zugeben, ebenso das angebratene Hack und alles 10 Min. / 100°C / Linkslauf / Stufe 1 köcheln lassen, umfüllen.

5 Mixtopf spülen. Backofen auf 175°C Ober-/Unterhitze vorheizen.

6 Nun wird die Alfredo-Sauce zubereitet: Knoblauchzehen in den Mixtopf geben, 5 Sek. / Stufe 5 zerkleinern. Mit dem Spatel alles vom Rand runterschieben.

7 Sahne, Salz und Pfeffer zugeben, 3 Min. / 100°C / Stufe 1 aufkochen.

8 Frischkäse, saure Sahne und Butter zufügen, nochmal 5 Min. / 100°C / Stufe 2 aufkochen, Parmesan zufügen, 30 Sek. / Stufe 2 unterrühren.

9 Alfredo-Sauce auf den Spaghetti verteilen, restliche Spaghetti darauf geben, dann die Hack-Tomatensauce und den Mozzarella darauf verteilen.

10 Im Backofen für ca. 35 Minuten überbacken, bis der Käse leicht gebräunt und zerlaufen ist.

DESSERTS, KUCHEN & SÜSSE BACKWAREN:

SOLERO DESSERT

Seite 92

Kalorien zählen ist nicht unser Ding, denn wir sind Genießer durch und durch! Schmeckt einfach alles gut!

Bananensplit-Dessert

4 Portionen · leicht · 25 Min.

ZUTATEN:

Schokosauce:
80 g brauner Zucker
80 g weißer Zucker
50 g Backkakao
1 Prise Salz
100 g Wasser
50 g Sahne
1 TL Vanilleextrakt

Creme:
250 g Sahne
Mark von 1 Vanilleschote
250 g türkischer Joghurt
50 g Puderzucker

zusätzlich:
3 EL Mandelblättchen
8 Schoko-Cookies
4 Bananen

1| Für die Schokoladensauce braunen und weißen Zucker, Kakao, Salz, Wasser und Sahne in den Mixtopf geben, **6 Min. / 100°C / Stufe 1** aufkochen.

2| Vanilleextrakt zufügen, **3 Min. / 90°C / Stufe 3** unterrühren.

3| Umfüllen und abkühlen lassen. Mixtopf spülen.

4| Mandelblättchen in einer beschichteten Pfanne ohne Fett leicht anrosten.

5| Schoko-Cookies grob zerbröseln.

6| Rühraufsatz in den Mixtopf einsetzen.

7| Sahne mit Vanillemark in den Mixtopf geben und unter Sichtkontakt bei **Stufe 3.5** steif schlagen, umfüllen und kalt stellen.

8| Rühraufsatz entfernen.

9| 2 Bananen mit Joghurt und Puderzucker in den Mixtopf geben, **25 Sek. / Stufe 3** verrühren.

10| Mit einem Schneebesen unter die Sahne heben.

11| 2 Bananen in Scheiben schneiden.

12| Cookies abwechselnd mit Creme, Bananenscheiben und Mandeln in vorbereitete Gläser schichten.

13| Mit Schokoladensauce begießen und servieren.

GUTEN APPETIT!

OREO-BAILEYS-DESSERT

4 Portionen | leicht | 15 Min.

ZUTATEN:

500 g Sahne
15 g Vanillezucker
120 g Baileys
150 g Zartbitterschokolade
140 g Milch
20 Oreo-Kekse

1| Rühraufsatz in den Mixtopf einsetzen.

2| Sahne und Vanillezucker in den Mixtopf geben und bei Stufe 3.5 unter Sichtkontakt steif schlagen. Wenn die Sahne beginnt, steif zu werden, den Baileys durch die Deckelöffnung langsam zugeben.

3| Rühraufsatz entfernen, umfüllen.

4| Mixtopf spülen.

5| Die Schokolade in den Mixtopf geben und 7 Sek. / Stufe 8 zerkleinern.

6| Milch zugeben, 5 Min. / 90°C / Stufe 1 erwärmen und schmelzen lassen, dann 4 Sek. / Stufe 4 mixen und umfüllen. Auskühlen lassen.

7| Mixtopf spülen.

8| 18 Oreo-Kekse in den Mixtopf geben und 5 Sek. / Sufe 6 zerkleinern, umfüllen.

9| Die Hälfte der Baileys-Sahne unter die erkaltete Schokocreme ziehen.

10| In jedes Glas nun Schokoladensahne, Baileyssahne und Oreo-Krümel, dann nochmal Baileyssahne und Schokoladensahne schichten.

11| Mit den verbliebenen Oreo-Keksen garnieren.

ERDBEER-RAFFAELLO-TRAUM

6 Portionen | leicht | 10 Min.

ZUTATEN:

250 g Sahne
10 Raffaello-Kugeln
250 g Quark
250 g Mascarpone
30 g Zucker
1 TL Vanillezucker
300 g Erdbeeren, geviertelt
50 g Erdbeersirup

Deko:
3 Raffaello-Kugeln, halbiert
3 Erdbeeren, halbiert
Kokosraspel

1 Rühraufsatz in den Mixtopf einsetzen.

2 Sahne bei Stufe 3.5 unter Sichtkontakt steif schlagen und umfüllen.

3 Rühraufsatz entfernen.

4 Raffaellos in den Mixtopf geben, 4 Sek. / Stufe 4 zerkleinern und umfüllen.

5 Den Rühraufsatz wieder einsetzen.

6 Quark, Mascarpone, Zucker und Vanillezucker in den Mixtopf geben, 30 Sek. / Stufe 3 verrühren.

7 Sahne und die zerkleinerten Raffaellos zugeben, 10 Sek. / Linkslauf / Stufe 3 unterrühren.

8 Die Gläser bis zur Hälfte mit der Creme füllen, dann eine Schicht Erdbeeren und Erdbeersirup darauf verteilen, zum Schluss die restliche Creme darauf geben.

9 Mit einer halben Raffaello-Kugel, einer halbierten Erdbeere und etwas Kokosraspel bestreuen.

Giotto-Nougat-Mousse

4 Portionen | leicht | 20 Min.

ZUTATEN:

2 Eiweiß, Größe M
40 g Puderzucker
200 g Sahne
200 g Doppelrahmfrischkäse
200 g Nougat
2 Eigelb, Größe M
4 Stangen Giotto-Kugeln

1| Rühraufsatz in den Mixtopf einsetzen.

2| Eiweiß in den Mixtopf geben, bei Stufe 3.5 steif schlagen.

3| Am Ende den Puderzucker durch den Mixtopfdeckel langsam zugeben, noch weiterschlagen und umfüllen.

4| Mixtopf spülen.

5| 100 g Sahne in den Mixtopf geben und mit Hilfe des Rühraufsatzes bei Stufe 3.5 steif schlagen.

6| Frischkäse zugeben, 10 Sek. / Stufe 3 unterrühren. Umfüllen.

7| Restliche 100 g Sahne zusammen mit dem Nougat in Stücken in den Mixtopf geben, 4 Min. / 90°C / Stufe 1 erwärmen und schmelzen lassen.

8| Rühraufsatz einsetzen, die Eigelb zugeben und 4 Min. / 70°C / Stufe 3 aufschlagen. Umfüllen und abkühlen lassen.

9| Die Sahne und den Eischnee mit einem Schneebesen unter die Nougatmasse ziehen.

10| 20 Giottos in den Mixtopf geben und 3 Sek. / Stufe 6 zerkleinern.

11| Ebenso unter die Nougatmasse ziehen, in Gläser umfüllen und für mindestens 3 Stunden in den Kühlschrank stellen.

12| Mit den restlichen Giottos und nach Belieben mit Sahne garnieren.

ZITRONENCREME MIT GIOTTO

6 Portionen   leicht   10 Min.

ZUTATEN:

200 g Sahne
250 g Mascarpone
300 g Naturjoghurt
60 g Zucker
35 g Zitronensaft
3-4 Stangen Giotto-Kugeln

1 Rühraufsatz in den Mixtopf einsetzen.

2 Sahne in den Mixtopf geben und unter Sichtkontakt bei Stufe 3.5 steif schlagen.

3 Umfüllen.

4 Mascarpone, Joghurt, Zucker und Zitronensaft in den Mixtopf geben und alles 10 Sek. / Stufe 3.5 mischen.

5 Sahne hinzugeben und 5 Sek. / Stufe 3.5 unterrühren.

6 Creme abwechselnd mit ein paar Giotto-Kugeln in Gläser schichten und genießen.

TIPP!

DIESE FRISCHE UND FRUCHTIGE CREME MIT DEN KNUSPER-KUGELN IST EINES UNSERER LIEBLINGSDESSERTS.

TIPP!

MAN KANN DIESES DESSERT AUCH SCHON PRIMA 1 TAG VORHER ZUBEREITEN, DANN ZIEHT ES SCHÖN DURCH.

SOLERO-DESSERT

4–6 Portionen   leicht   15 Min.

ZUTATEN:

250 g Sahne
700 g Joghurt
35 g Zucker
1 EL Vanillezucker
1 Dose Pfirsiche, ca. 240 g, abgetropft, in Würfeln
400 g Maracujasaft
2 Pk. Bourbon-Vanillesaucenpulver ohne Kochen

1 Rühraufsatz in den Mixtopf einsetzen.

2 Die Sahne in den Mixtopf geben, bei Stufe 3.5 unter Sichtkontakt bis zur gewünschten Festigkeit steif schlagen.

3 Rühraufsatz entfernen.

4 Joghurt, Zucker und Vanillezucker zugeben, 2 Min. / Stufe 2 verrühren.

5 Die Pfirsichwürfel in die Gläser verteilen, die Joghurt-Sahnecreme daraufgeben.

6 Maracujasaft und das Vanillesaucenpulver in den gespülten Mixtopf geben, 1 Min. / Stufe 4 verrühren.

7 Die Maracuja-Vanillecreme auf die Joghurtcreme geben und nach Belieben garnieren.

TIPP!

DAS TIRAMISU KANN PRIMA SCHON 1 TAG VORHER ZUBEREITET WERDEN, DA ES DANN BESONDERS SAFTIG WIRD.

HIMBEER-TIRAMISU

16 x 16 cm Form leicht 10 Min. + 4 Std. Wartezeit

ZUTATEN:

100 g TK-Himbeeren, angetaut
250 g Mascarpone
250 g Magerquark
40 g Zucker
1 TL Vanillezucker
1 Prise Salz
4 EL Amaretto, alternativ Amaretto-Sirup
50 g Zartbitterschokolade, gehackt
12–14 Löffelbiskuits
4 EL Espresso, ca. 35 g

Deko:
Backkakao zum Bestäuben

1 Himbeeren in einer Schüssel antauen lassen.

2 Mascarpone, Quark, Zucker, Vanillezucker, Salz und 2 EL Amaretto in den Mixtopf geben, 30 Sek. / Stufe 3 cremig rühren.

3 Gehackte Schokolade mit den Himbeeren und dem Saft zugeben, 15 Sek. / Linkslauf / Stufe 2.5 unterheben.

4 Den Boden einer kleinen Auflaufform mit der Hälfte der Löffelbiskuits auslegen.

5 2 EL Amaretto mit dem Espresso vermischen und die Hälfte darüberträufeln.

6 Die Hälfte der Himbeercreme darauf streichen.

7 Mit den übrigen Löffelbiskuits belegen, Rest des Espressomix und übrige Himbeercreme darauf streichen.

8 Tiramisu abgedeckt im Kühlschrank mindestens 4 Stunden , am besten über Nacht kaltstellen.

9 Vor dem Servieren mit Kakao bestäuben.

KEY LIME PIE

4 Portionen | leicht | 10 Min.

ZUTATEN:

150 g Sahne
60 g Butterkekse
20 g Zucker
30 g Butter, geschmolzen
340 g Doppelrahmfrischkäse
50 g Zucker
1/2 TL Vanilleextrakt
45 g Limettensaft
abgeriebene Schale von
2 Bio-Limetten

1 Rühraufsatz in den Mixtopf einsetzen.

2 Sahne in den Mixtopf geben, unter Sichtkontakt bei Stufe 3.5 steif schlagen.

3 Umfüllen, Topf spülen.

4 Butterkekse mit Zucker in den Mixtopf geben, 25 Sek. / Stufe 6 zerkleinern.

5 Geschmolzene Butter zufügen, 10 Sek. / Stufe 3 unterruhren und auf 4 Gläser verteilen, etwas fest drücken.

6 Frischkäse, Zucker, Vanille, Limettensaft und abgeriebene Limettenschale zugeben, 45 Sek. / Stufe 3 verrühren.

7 Sahne hinzugeben, 10 Sek. / Linkslauf / Stufe 3 unterrühren.

8 Die Masse auf die Gläser verteilen und nach Belieben mit Sahne, Limettenscheiben und Kekskrümeln verzieren.

Weiße Schokoladencreme mit Erdbeeren

4 Portionen | leicht | 30 Min.

ZUTATEN:

400 g Erdbeeren
70 g Gelierzucker 2:1
1 EL Zitronensaft
1 EL Vanillezucker
200 g Sahne
200 g weiße Schokolade
200 g griechischer Joghurt
Mark von 1 Vanilleschote

Topping:
geraspelte weiße Schokolade

1. 150 g Erdbeeren, Gelierzucker und Zitronensaft in den Mixtopf geben, 3 Sek. / Stufe 5 zerkleinern, dann 8 Min. / 100 °C / Stufe 1 kochen. Es sollte mindestens 4 Minuten sprudelnd gekocht haben, ansonsten die Zeit anpassen.
2. Umfüllen und Mixtopf spülen.
3. Die restlichen Erdbeeren würfeln und mit Vanillezucker in einer Schüssel vermischen.
4. Rühraufsatz in den Mixtopf einsetzen.
5. Sahne in den Mixtopf geben und bei Stufe 3.5 unter Sichtkontakt steif schlagen und umfüllen.
6. Weiße Schokolade in den Mixtopf geben, 10 Sek./ Stufe 8 zerkleinern, dann 4 Min. / 50 °C / Stufe 1 schmelzen. Rühraufsatz entfernen.
7. Griechischen Joghurt und Vanillemark zugeben, 30 Sek. / Stufe 3 unterrühren.
8. Mit einem Schneebesen unter die steifgeschlagene Sahne heben.
9. Gewürfelte Erdbeeren mit Erdbeerpüree mischen, abwechselnd mit der weißen Schokoladencreme in Gläser schichten.
10. Nach Belieben mit geraspelter weißer Schokolade garniert servieren.

GRIEßBREI

2 Portionen | leicht | 15 Min.

ZUTATEN:

500 g Vollmilch
200 g Sahne
50 g Rohrzucker
80 g Weichweizengrieß

1 Rühraufsatz in den Mixtopf einsetzen.

2 Alle Zutaten in den Mixtopf geben, 11 Min. / 90°C / Stufe 2 kochen.

3 Nach Belieben mit Obst, Zimt oder allem anderen, was Ihr mögt, toppen.

TIPP!

UNSER WOHLFÜHL - DESSERT, DAS AN KINDHEITSTAGE ERINNERT. AM LIEBSTEN MIT HEIßEN KIRSCHEN.

Erdbeer-Kirsch-Streusel

1 Backblech   leicht   20 Min. + 45 Min. Backzeit

ZUTATEN:

Teig:
300 g weiche Butter
200 g Zucker
1 TL Vanillezucker
6 Eier, Größe M
400 g Mehl
1 Pk. Backpulver
1 Prise Salz
Saft + Schale von 1 Bio-Zitrone
300 g Erdbeeren, halbiert
250 g Kirschen, entsteint

Streusel:
200 g Mehl
100 g Butter, geschmolzen
100 g Zucker

1| Ein Backblech mit Backpapier auslegen, den Backofen auf 180 °C Ober-/Unterhitze vorheizen.

2| Butter, Zucker und Vanillezucker in den Mixtopf geben, 3 Min. / Stufe 3 cremig rühren.

3| Thermomix® auf 2 Min. / Stufe 4 einstellen und in dieser Zeit die Eier einzeln durch die Deckelöffnung zugeben.

4| Mehl, Backpulver, Salz und Zitronensaft mit Hilfe des Spatels 20 Sek. / Stufe 5 unterrühren, den Teig auf das Backblech geben, Früchte darauf verteilen.

5| Für die Streusel alle Zutaten in den Mixtopf geben, 20 Sek. / Stufe 5 mischen, auf das Obst geben und im Ofen ca. 45 Minuten backen.

6| Nach Belieben mit Puderzucker bestäuben.

TIPP!

EINS UNSERER LIEBLINGS-TORTENREZEPTE

ERDBEER-RAFFAELLO-TORTE

Ø 26 cm Springform | mittel | 45 Min. + 30 Min. Wartezeit und Abkühlzeit Tortenboden + 20–25 Min. Backzeit

ZUTATEN:

Biskuit:
6 Eier, Größe M
180 g Zucker
270 g Mehl
3/4 TL Backpulver
1 Prise Salz

Füllung:
500 g Sahne
2 Pk. Sahnesteif
20 Raffaello Kugeln
200 g Doppelrahmfrischkäse
40 g Zucker
250 g Erdbeeren, in Würfeln
50 g Erdbeersauce

Garnitur:
400 g Sahne
1 Pk. Sahnesteif
50 g Kokosraspel
Erdbeeren und Raffaello-Kugeln für die Deko

Den Backofen auf 180°C Ober-/Unterhitze vorheizen, Springform am Boden mit Backpapier auslegen, den Rand nicht fetten!

BISKUIT:

1| Rühraufsatz in den Mixtopf einsetzen.

2| Eier und Zucker in den Mixtopf geben, 8 Min. / 37°C / Stufe 4 aufschlagen, dann weitere 10 Min. / Stufe 4 ohne Temperatur luftig schlagen.

3| Mehl, Backpulver und Salz zugeben und 4 Sek. / Stufe 3 unterheben.

4| Gegebenenfalls mit dem Spatel das Mehl noch vorsichtig unterheben und in die vorbereitete Springform geben, im Ofen, mittlerer Einschub, ca. 20–25 Minuten backen.

5| Stäbchenprobe durchführen und den Biskuit vollständig in der Form auskühlen lassen.

6| Wenn er komplett ausgekühlt ist, 2 mal waagerecht durchschneiden, so dass Ihr 3 Böden habt.

FÜLLUNG:

7| Rühraufsatz in den Mixtopf einsetzen und Sahne mit Sahnesteif in den Mixtopf geben, bei Stufe 3.5 unter Sichtkontakt steif schlagen und umfüllen.

8| Rühraufsatz entfernen.

9| Raffaellos in den Mixtopf geben, 5 Sek. / Stufe 4 zerkleinern, umfüllen.

10| Frischkäse und Zucker in den Mixtopf geben und 25 Sek. / Stufe 4 cremig rühren und den Rühraufsatz wiedereinsetzen.

11| Zerkleinerte Raffaellos und Sahne zugeben, alles 15 Sek. / Stufe 3 unterrühren.

12| Gewürfelte Erdbeeren mit dem Spatel unterheben.

13| Den untersten Tortenboden mit der Hälfte der Füllung bestreichen, den zweiten Tortenboden auflegen und diesen mit Erdbeersauce bestreichen.

14| Restliche Tortenfüllung darauf verteilen, den letzten Boden auflegen, Torte für 30 Minuten kaltstellen.

DEKORATION:

15| Rühraufsatz in den Mixtopf einsetzen und Sahne mit Sahnesteif bei Stufe 3.5 unter Sichtkontakt steif schlagen, Torte komplett damit einstreichen.

16| Mit Kokosraspel rundherum verkleiden und mit Raffaellos und Erdbeeren nach Belieben dekorieren.

Double Chocolate Cheesecake Muffins

12 Stück | leicht | 15 Min. + 30 Min. Backzeit

ZUTATEN:

Teig:
240 g Mehl
190 g brauner Zucker
30 g Backkakao
1/2 TL Backpulver
1/2 TL Natron
120 g Wasser
120 g Milch
80 g Rapsöl
1 TL Weißweinessig
1 Ei, Größe M
1/2 TL Vanilleextrakt

Creme:
230 g Doppelrahmfrischkäse
1 Eigelb, Größe M
60 g Zucker
1/2 TL Vanilleextrakt

1 | Den Backofen auf 180°C Ober-/Unterhitze vorheizen, ein Muffinblech mit Papierförmchen auslegen.

2 | Alle Zutaten für den Teig in den Mixtopf geben, **45 Sek. / Stufe 4** cremig rühren und den Teig in 12 Förmchen zu 2/3 einfüllen.

3 | Mixtopf spülen.

4 | Frischkäse, Eigelb, Zucker und Vanille in den Mixtopf geben und **10 Sek. / Stufe 3** mischen und jeweils 1–2 TL der Creme mittig auf jeden Schokoteig setzen.

5 | Im Backofen ca. 25–30 Minuten backen. Stäbchenprobe durchführen.

TIPP!

WIR HABEN DABEI MIT DEM LÖFFEL EINE KLEINE VERTIEFUNG IN DIE MUFFINS GEDRÜCKT, DAMIT DIE CREME AUCH IN DIE TIEFE GELANGT.

ESPRESSO-SCHOKO-TORTE

Ø 26 cm Springform   mittel   30 Min. + mind. 5 Std. Kühlzeit + ca. 18 Min. Backzeit

ZUTATEN:

150 g Zartbitterkuvertüre
50 g Butter
75 g Mehl
1 TL Backpulver
100 g Zucker
1 TL Vanillezucker
1 Prise Salz
25 g Backkakao
2 Eier, Größe M
4 EL Instant-Espressopulver
1000 g Sahne
4 Pk. Sahnesteif
ca. 12 Löffelbiskuits
50 g Vollmilchschokolade
100 g heißes Wasser
1 EL Amaretto

1 Den Backofen auf 150 °C Umluft vorheizen.

2 50 g der Kuvertüre grob raspeln.

3 Die Butter in den Mixtopf geben, 3 Min. / 50 °C / Stufe 1 schmelzen.

4 Mehl, Backpulver, Zucker, Vanillezucker, Salz, Kakao und Eier zufügen, 40 Sek. / Stufe 4 cremig rühren, die geraspelte Kuvertüre 10 Sek. / Stufe 2 unterrühren.

5 Den Teig in die gefettete Springform geben und ca. 18 Minuten backen, auskühlen lassen.

6 Die restliche Kuvertüre langsam in der Mikrowelle schmelzen und 2 EL des Espressopulvers unterrühren.

7 Rühraufsatz in den Mixtopf einsetzen und 500 g der Sahne mit 2 Pk. Sahnesteif in den Mixtopf geben, unter Sichtkontakt bei Stufe 3.5 steif schlagen und umfüllen.

8 2 EL der Sahne in die geschmolzene Espresso-Kuvertüre rühren, dann alles mit einem Schneebesen unter die restliche Sahne heben.

9 Espresso-Sahne auf den abgekühlten Tortenboden streichen und in den Kühlschrank stellen.

10 Das restliche Espressopulver und den Amaretto in das heiße Wasser einrühren, die Löffelbiskuits auf der Espresso-Sahne verteilen und mit der Espresso-Amaretto-Mischung beträufeln.

11 Torte wieder kaltstellen.

12 Vollmilchschokolade langsam in der Mikrowelle schmelzen.

13 Die restlichen 500 g der Sahne mit Sahnesteif wieder mit dem Rühraufsatz bei Stufe 3.5 steif schlagen und wieder 2 EL der Sahne in die geschmolzene Vollmilchschokolade einrühren, dann unter die restliche Sahne heben.

14 Schokosahne auf die Löffelbiskuits verstreichen und die Torte für mindestens 5 Stunden kaltstellen und nach Belieben verzieren.

TIPP!

KUCHEN ERST KOMPLETT AUSKÜHLEN LASSEN VOR DEM STÜRZEN UND UNBEDINGT DOPPELRAHMFRISCHKÄSE BENUTZEN, DENN DIE FETTÄRMEREN VARIANTEN WERDEN NICHT FEST.

SCHOKO-GUGLHUPF MIT CHEESECAKE-FÜLLUNG

1 Guglhupfform, Ø 24 cm ♥♥♡ mittel 30 Min. + 70–80 Min. Backzeit

ZUTATEN:

200 g Zartbitterschokolade
250 g Butter, in Stücken, weich
250 g Milch
250 g brauner Zucker
1 TL Vanillezucker
2 Eier, Größe M
280 g Mehl
1 TL Backpulver
30 g Backkakao

Für die Cheesecakefüllung:

400g Doppelrahmfrischkäse
120 g Zucker
2 Eigelb, Größe M
Mark von 1 Vanilleschote
20 g Speisestärke

Für den Schokoladenguss:

100 g Sahne
20 g Zucker
1 EL Honig
120 g Zartbitterschokolade

1 Schokolade in den Mixtopf geben, 10 Sek. / Stufe 6 zerkleinern, Butter und Milch hinzufügen, 5 Min. / 50°C / Stufe 2 erwärmen und schmelzen.

2 Zucker, Vanillezucker und Eier dazugeben und 20 Sek. / Stufe 4 mischen.

3 Mehl, Backpulver und Kakao hinzufügen, 20 Sek. / Stufe 5 cremig rühren.

4 Umfüllen. Topf spülen.

5 Die Hälfte des Schokoladenteigs in eine gut gebutterte und mit Kakao ausgestäubte Guglhupfform füllen, die Form einmal schwenken.

6 Frischkäse, Zucker, Eigelb, Vanillemark und Speisestärke in den Mixtopf geben, 15 Sek. / Stufe 4 vermischen, mittig auf den Teig verteilen.

7 Restlichen Schokoladenteig daraufgeben und glattstreichen, im vorgeheizten Backofen bei 150°C Umluft oder 175°C Ober-/Unterhitze ca. 70–80 Minuten backen.

8 Stäbchenprobe durchführen, den Kuchen komplett auskühlen lassen und dann erst aus der Form stürzen.

9 Für den Schokoladenguss Sahne, Zucker und Honig in den Mixtopf geben, 5 Min. / 90°C / Stufe 1 erwärmen.

10 Schokolade in Stücken dazugeben, kurz auf Stufe 3 durchrühren, 5 Min. ruhen lassen, dann 20 Sek. / Stufe 3 verrühren, großzügig auf den Kuchen verteilen.

Zebra-Marmorkuchen

1 Guglhupfform, Ø 24 cm | leicht | 30 Min. + 70 Min. Backzeit

ZUTATEN:

Teig:
400 g Zucker
350 g weiche Butter
1/2 TL gemahlene Vanille
5 Eier, Größe M
400 g Mehl
1 Pk. Backpulver
160 g Buttermilch
80 g Backkakao
60 g Milch

Ganache:
125 g Sahne
125 g Zartbitterschokolade
oder Puderzucker zum Bestäuben

1 Den Backofen auf 170°C Ober-/Unterhitze vorheizen und eine Guglhupfform fetten und mehlen.

2 200 g Zucker, Butter und Vanille in den Mixtopf geben, 1 Min. / Stufe 4 cremig rühren.

3 Eier zugeben und 40 Sek. / Stufe 5 unterrühren.

4 Mehl, Backpulver und Buttermilch zufügen, mit dem Spatel einmal alles verrühren, dann 45 Sek. / Stufe 5.5 verrühren. Hierbei eventuell auch wieder mit dem Spatel nachhelfen.

5 2/3 des Teiges aus dem Mixtopf herausnehmen, in eine Schüssel geben und die restlichen 200 g Zucker, Kakao und Milch zu dem verbliebenen Teig in den Mixtopf geben, 30 Sek. / Stufe 4 mischen.

6 Nun den Teig löffelweise abwechselnd in die vorbereitete Form geben. 2–3 EL vom hellen Teig der Länge nach in der Form verteilen, anschließend 2 EL vom dunklen Teig direkt auf den hellen Teig geben.

7 Die Backform zwischendurch immer wieder mal hin- und herbewegen, dann verteilt sich der Teig besser.

8 Die Form in den Ofen geben und ca. 70 Minuten backen, Stäbchenprobe durchführen.

9 Auskühlen lassen, mit Puderzucker bestäuben oder mit einer Ganache überziehen.

10 Für die Ganache die Sahne in den Mixtopf geben, 5 Min. / 90°C / Stufe 1 erwärmen.

11 Schokolade in Stücken dazugeben, kurz durchrühren, 5 Minuten ruhen lassen, dann 20 Sek. / Stufe 3 verrühren, auf den Kuchen verteilen.

YORK

NEW YORK CHEESECAKE

Ø 24–26 cm Springform | leicht | 15 Min. | 15 Min. Wartezeit | 90 Min. Backzeit

ZUTATEN:

Boden:
15 kernige Haferkekse
50 g Butter, geschmolzen
1 Prise Salz
1 Prise Zimt
20 g Zucker

Füllung:
1050 g Doppelrahmfrischkäse
300 g Zucker
50 g Mehl
170 g Sauerrahm
1/2 TL Vanilleextrakt
4 Eier, Größe M

1 Die Springform fetten und komplett von außen mit Alufolie einwickeln, so dass kein Wasser in die Springform laufen kann.

2 Kekse in den Mixtopf geben, 2 x die Turbotaste aktivieren und die Kekse zerkleinern, die geschmolzene Butter, Salz, Zimt und Zucker zugeben, 10 Sek. / Stufe 2 mischen.

3 Teig in die Springform geben, festdrücken und für 15 Minuten in den Kühlschrank stellen.

4 Backofen auf 180°C Ober-/Unterhitze vorheizen.

5 Springform in den Ofen geben und 15 Minuten backen. Auskühlen lassen.

6 Rühraufsatz in den Mixtopf einsetzen, Frischkäse in den Mixtopf geben, 3 Min. / Stufe 3.5 cremig und fluffig aufschlagen.

7 Zucker und Mehl zufügen, nochmal 2.5 Min. / Stufe 3 unterrühren.

8 Sauerrahm und Vanille hinzufügen, 1 Min. / Stufe 3 untermischen.

9 Eier zufügen, 25 Sek. / Stufe 3 unterrühren, die Frischkäsemischung auf den Keksboden geben und die Springform in eine große Auflaufform stellen.

10 Vorsichtig so viel kochendes Wasser in die Auflaufform füllen, dass die Hälfte der Springform im Wasser steht.

11 Im Ofen auf der mittleren Schiene 45 Minuten backen, dann die Temperatur auf 160°C reduzieren und weitere 30 Minuten backen.

12 Bei halb geöffneter Backofentür den Kuchen noch 30 Minuten im Ofen belassen, dann herausnehmen und auf einem Kuchengitter komplett auskühlen lassen.

TIPP!

VOR DEM VERZEHR AM BESTEN ÜBER NACHT IN DEN KÜHLSCHRANK STELLEN ODER FÜR MINDESTENS 6 STUNDEN KÜHLEN.

TIPP!

DIE KONSISTENZ DES GUSSES KÖNNT IHR MIT DER MENGE AN ZITRONENSAFT BEEINFLUSSEN.

ZITRONENKUCHEN

1 Kastenform, ca. 25 cm   leicht   30 Min. + 45 Min. Backzeit

ZUTATEN:

Teig:
3 Eier, Größe M
200 g Zucker
20 g Butter, weich
1 TL Vanilleextrakt
50 g griechischer Joghurt
80 g Raps- oder Sonnenblumenöl
180 g Mehl
1/2 TL Backpulver
1/2 TL Natron
1/4 TL Salz
Saft von 2 Zitronen, ca. 70 g
abgeriebene Schale von 1 Bio-Zitrone

Guss:
250 g Puderzucker
1 Eiweiß, Größe M
30 g Zitronensaft

1 Den Backofen auf 175°C Ober-/Unterhitze vorheizen. Eine Kastenform fetten.

2 Eier, Zucker, Butter, Vanille, Joghurt und Öl in den Mixtopf geben, 30 Sek. / Stufe 5 verrühren.

3 Nun das Mehl, Backpulver, Natron und Salz zufügen, 30 Sek. / Stufe 5 unterrühren.

4 Zitronensaft und abgeriebene Zitronenschale zufügen, 15 Sek. / Stufe 3 untermengen.

5 Den Teig in die Kastenform geben und im Ofen ca. 45 Minuten backen, eine Stäbchenprobe durchführen.

6 15 Minuten in der Form auskühlen lassen, dann vorsichtig herausnehmen und auf einem Kuchengitter komplett auskühlen lassen.

GUSS:

7 Rühraufsatz in den Mixtopf einsetzen.

8 Für den Guss Puderzucker, Eiweiß und Zitronensaft in den Mixtopf geben, 2 Min. / Stufe 4 verrühren.

9 Großzügig über den Kuchen verteilen. Es soll eine schöne dicke Zitronenschicht drauf sein.

RAFFAELLO-BROWNIES

12 Stück (Backform 23 x 23cm) | leicht | 30 Min. + 30 Min. Backzeit

ZUTATEN:

Teig:
150 g Zartbitterschokolade
200 g Butter
100 g weißer Zucker
80 g brauner Zucker
4 Eier, Größe M
150 g Mehl
1 TL gemahlene Vanille
1 Prise Salz
30 g Backkakao
50 g Kokosraspel
12 Raffaello-Kugeln

Frosting:
2 Eiweiß, Größe M
100 g Puderzucker
1 TL Speisestärke
1 TL Zitronensaft

Topping:
30 g Kokosraspel

1| Schokolade in den Mixtopf geben, 10 Sek. / Stufe 8 zerkleinern.

2| Butter und Zucker zugeben, 6 Min. / 50°C / Stufe 2 erwärmen und schmelzen, Schokomischung auf 37°C abkühlen lassen.

3| Den Backofen auf 180°C Ober-/Unterhitze vorheizen, eine quadratische Backform mit Backpapier auslegen oder fetten und mehlen.

4| Eier, Mehl, Vanille, Salz, Kakao, Kokosraspel 15 Sek. / Stufe 4 unterrühren und den Teig in die Form geben, gleichmäßig verteilen.

5| Die Raffaellos mit etwas Abstand leicht in den Teig drücken, die Backform mit Alufolie abdecken und für ca. 25 Minuten backen.

6| Stäbchenprobe durchführen. Die Brownies sollten noch leicht feucht sein.

7| Alufolie entfernen, weitere 5 Minuten backen. Die Raffaellos sollten nur leicht bräunen.

8| Brownies vollständig in der Form auskühlen lassen.

9| Rühreinsatz in den sauberen Mixtopf einsetzen.

10| Alle Zutaten für das Frosting in den Mixtopf geben, 5 Min. / 60°C / Stufe 2.5 erwärmen, dann den Messbecher abnehmen und weitere 7 Min. / Stufe 3.5 ohne Temperatur aufschlagen.

11| Frosting auf die Raffaello Brownies geben und mit Kokosraspel bestreuen.

Apfel-Käsekuchen mit Knusperstreuseln

Ø 18 cm Springform ♥♡♡ leicht 15 Min. + 30 Min. Wartezeit + 1 Std. Backzeit

ZUTATEN:

Apfelschicht:
250 g Äpfel, geschält, entkernt und in Würfeln
Saft von einer 1/2 Zitrone
30 g Zucker
1 TL Vanillezucker

Teig:
180 g Mehl
120 g weiche Butter
50 g Zucker
1 TL Vanillezucker
1 Prise Salz
1 Prise Zimt

Käseschicht:
50 g Doppelrahmfrischkäse
200 g Magerquark
50 g Zucker
Mark von 1 Vanilleschote
1/2 Pk. Vanillepuddingpulver
1 TL Amaretto

Streusel:
50 g weiche Butter
100 g Mehl
35 g Zucker
1 Prise Zimt
25 g Marzipan
1 kl. Handvoll gehackte Walnüsse

1 Die gewürfelten Äpfel mit Zitronensaft, Zucker und Vanillezucker in einer Schüssel vermengen.

2 Die Zutaten für den Teig in den Mixtopf geben, 20 Sek. / Stufe 4 verkneten.

3 Eine mit Backpapier ausgelegte Springform mit dem Teig auskleiden, dabei einen Rand hochziehen und den Boden mit einer Gabel mehrmals einstechen, die Form für ca. 30 Minuten kaltstellen.

4 Den Backofen auf 180°C Ober-/Unterhitze oder 160°C Umluft vorheizen.

5 Für die Käseschicht die Zutaten in den sauberen Mixtopf geben, 30 Sek. / Stufe 3 verrühren und auf den Teig gießen.

6 Die Apfelwürfel abtropfen lassen und auf der Käsefüllung verteilen.

7 Für die Streusel die Zutaten in den Mixtopf geben und 25 Sek. / Stufe 5 verarbeiten. Mit den Fingern grob über den Apfelwürfeln verteilen.

8 Den Kuchen auf der mittleren Schiene ca. 1 Stunde backen, herausnehmen und gut auskühlen lassen.

TIPP!

MIT DER DOPPELTEN MENGE KÖNNT IHR EINE SPRINGFORM VON 26–28 CM FÜLLEN.

ROCHER-MOUSSE-TÖRTCHEN

Ø 18 cm Springform | leicht | 30 Min. + mind. 4 Std. Wartezeit

ZUTATEN:

Boden:
150 g Schokoladenkekse
20 g Haselnüsse
3 Rocher-Kugeln
60 g Butter, geschmolzen

Mousse:
600 g Sahne
8 Rocher-Kugeln
300 g Zartbitterschokolade
100 g Vollmilchschokolade
1 TL Gelatine Fix-Pulver

Schokoladenguss:
100 g Sahne
1 EL Honig
20 g Zucker
120 g Zartbitterschokolade

Topping:
6–8 Rocher-Kugeln

1| Eine Springform mit Backpapier auslegen.

2| Kekse, Nüsse und Rocher-Kugeln in den Mixtopf geben, 5 Sek. / Stufe 8 zerkleinern.

3| Butter dazugeben, 15 Sek. / Stufe 4 unterrühren, in die Springform geben und am Boden festdrücken.

4| Mixtopf spülen, Rühraufsatz in den Mixtopf einsetzen.

5| Sahne in den Mixtopf geben, unter Sichtkontakt bei Stufe 3.5 steif schlagen und umfüllen. Rühraufsatz entfernen!

6| 8 Rocher-Kugeln mit einem Messer grob hacken.

7| Schokolade in den Mixtopf geben, 10 Sek. / Stufe 6 zerkleinern, dann 5 Min. / 50°C / Stufe 2 schmelzen. Schokolade etwas abkühlen lassen, zusammen mit dem Gelatine Fix und den zerhackten Rocher-Kugeln mit einem Schneebesen unter die Sahne heben.

8| Mousse auf den Keksboden geben und für mindestens 4 Stunden in den Kühlschrank stellen.

9| Für den Schokoladenguss, Sahne, Honig und Zucker in den Mixtopf geben, 5 Min. / 90°C / Stufe 1 erwärmen.

10| Schokolade in Stücken dazugeben, kurz auf Stufe 3 durchrühren, 5 Min. ruhen lassen, dann 20 Sek. / Stufe 3 verrühren.

11| Schokoladenguss auf die Mousse geben, mit Rocher-Kugeln garnieren.

AMERIKANER

8–10 Stück · leicht · 20 Min. + 15 Min. Backzeit

ZUTATEN:

Teig:
100 g weiche Butter
100 g Zucker
1 EL Vanillezucker
1 Prise Salz
2 Eier, Größe M
250 g Mehl
1 Pk. Vanillepuddingpulver
2 TL Backpulver
70 g Milch
abgeriebene Schale von 1 Bio-Zitrone

Glasur:
200 g Puderzucker
30 g Milch
1 Spritzer Zitronensaft
50 g Zartbitterschokolade

1| Butter, Zucker, Vanillezucker und Salz in den Mixtopf geben, 45 Sek. / Stufe 3 rühren, die restlichen Teigzutaten zugeben und alles 2 Min. / Stufe 3 cremig rühren.

2| Den Teig in einen Spritzbeutel mit großer Tülle füllen oder mit 2 EL den Teig mit etwas Abstand in 8–10 Portionen auf 2 mit Backpapier ausgelegte Backbleche geben, im vorgeheizten Backofen bei 200°C Ober-/Unterhitze ca. 15 Minuten backen und auf dem Blech auskühlen lassen.

3| Für die Glasur Puderzucker, Milch und Zitronensaft in den sauberen Mixtopf geben und 30 Sek. / Stufe 3.5 mischen, so dass eine streichfähige Glasur entsteht.

4| Glasur auf die ausgekühlten Amerikaner geben und verstreichen, trocknen lassen.

5| Die Zartbitterschokolade in kleinen Stücken in der Mikrowelle oder im Wasserbad auf dem Herd schmelzen und über die getrocknete Zuckerglasur in feinen Streifen träufeln.

BANANA BREAD

ca. 25 cm Kastenform | leicht | 10 Min. + ca. 50 Min. Backzeit

ZUTATEN:

100 g Walnüsse + 2 EL, gehackt
150 g weiche Butter
100 g brauner Zucker + 2 EL
3 Eier, Größe M
50 g Crème Fraîche
2 Bananen, in Stücken
300 g Mehl
1 TL Backnatron
1/2 TL Backpulver
1 Prise Zimt
1 Prise Salz
1 geh. TL Vanillezucker
120 g Schokodrops oder gehackte Schokolade

1 | Den Backofen auf 180 °C Ober-/Unterhitze vorheizen. Eine Kastenform fetten.

2 | 100 g Walnüsse in den Mixtopf geben, 4 Sek. / Stufe 4 zerkleinern und umfüllen.

3 | Butter und 100 g Zucker in den Mixtopf geben, 30 Sek. / Stufe 4 cremig rühren.

4 | Eier, Crème Fraîche und Bananen zufügen, 10 Sek. / Stufe 5 mischen.

5 | Mehl, Backnatron, Backpulver, Zimt, Salz und Vanillezucker hinzugeben, 10 Sek. / Stufe 5 verrühren, Walnüsse und Schokodrops 15 Sek. / Linkslauf / Stufe 3 unterrühren.

6 | Den Teig in die Form geben, mit je 2 EL gehackten Nüssen und Zucker bestreuen und im Ofen ca. 50 Minuten backen.

7 | Stäbchenprobe durchführen und in der Form auskühlen lassen.

Cinnamon Sugar Breadsticks

12 Stück | leicht | 20 Min. + 30–45 Min. Ruhezeit + 15 Min. Backzeit

ZUTATEN:

Teig:
300 g Wasser
1 EL Trockenhefe oder
1/2 Würfel Hefe
20 g Zucker
450 g Mehl
1/2 TL Salz

Topping:
110 g Zucker
1 TL Zimt
1 EL Butter, geschmolzen

1. Wasser, Hefe und Zucker in den Mixtopf geben, 3 Min. / 37°C / Stufe 2 erwärmen.

2. Mehl und Salz zugeben, 3 Min. / Teigstufe kneten, in eine Schüssel geben und abgedeckt 30–45 Minuten gehen lassen.

3. Den Backofen auf 180°C Ober-/Unterhitze vorheizen.

4. Eine Arbeitsfläche bemehlen, den Teig darauf geben, auch bemehlen und ca. 1,5 cm dick zu einem Rechteck ausrollen.

5. Der Teig ist weich und klebrig. Lässt sich aber mit Mehl gut bändigen.

6. Den Teig mit einem Pizzaschneider in 12 Streifen schneiden. Diese wiederum halbieren, so dass Ihr 24 Teigstränge habt.

7. Jeweils von 2 Teigsträngen die Enden zusammendrücken, ineinander verschlingen und auf ein mit Backpapier ausgelegtes Backblech geben.

8. Den Zucker mit dem Zimt verrühren, die Teiglinge mit der geschmolzenen Butter bestreichen und mit der Zucker-Zimtmischung bestreuen.

9. Im Ofen ca. 15–20 Minuten goldbraun backen und am besten noch lauwarm genießen.

CINNAMON ROLLS

12 Stück · mittel · 25 Min. + 2,5 Std. Ruhezeit + 20 Min. Backzeit

TIPP!

AM BESTEN LAUWARM GENIEßEN.

ZUTATEN:

Teig:
100 g Wasser
70 g Zucker
1/2 Würfel Hefe
200 g Milch
700 g Mehl
1/2 TL Salz
2 Eier, Größe M
70 g Öl

Füllung:
120 g weiche Butter
190 g brauner Zucker
2-3 TL Zimt

Frosting:
120 g Doppelrahmfrischkäse
60 g weiche Butter
100 g Puderzucker
1 TL Vanillezucker

TEIG:

1 Wasser, Zucker und Hefe in den Mixtopf geben, 3 Min. / 37°C / Stufe 2 erwärmen.

2 Milch und 200 g Mehl hinzufügen, nochmal 2 Min. / 37°C / Stufe 2 mischen, 5 Minuten ruhen lassen.

3 Nun das restliche Mehl, Salz, Eier und Öl zugeben, alles 5 Min. / Teigstufe kneten, in eine Schüssel umfüllen und abgedeckt 2 Stunden gehen lassen.

FÜLLUNG:

4 Butter in den Mixtopf geben, 4 Min. / 70°C / Stufe 3 schmelzen, Zucker und Zimt hinzufügen, 20 Sek. / Stufe 3 mischen und umfüllen.

5 Den Teig auf einer bemehlten Arbeitsfläche zu einem Rechteck von ca. 40 x 50 cm ausrollen und mit der Zimtfüllung bestreichen.

6 Den Teig von der breiten Seite her aufrollen und in 3–4 cm breite Stücke schneiden, mit der Schnittfläche nach unten in eine gebutterte Auflaufform geben und abgedeckt nochmal 20 Minuten gehen lassen.

7 Den Backofen auf 180°C Umluft vorheizen, nach der Ruhezeit die Cinnamon Rolls im Ofen 15–20 Minuten goldbraun backen.

FROSTING:

8 Frischkäse, Butter, Puderzucker und Vanillezucker in den Mixtopf geben, 1 Min. / Stufe 4 mischen und nach dem Backen sofort mit dem Frosting bestreichen.

Zimt-Zupfbrot

Kastenform, 25–30 cm | mittel | 25 Min. + 2 Std. Ruhezit + 30–40 Min. Backzeit

ZUTATEN:

Teig:
160 g Milch
1/2 Würfel Hefe
50 g Zucker
480 g Mehl
50 g weiche Butter
1/2 TL Salz
2 Eier, Größe M
1 TL Vanilleextrakt

Füllung:
100 g Butter, weich
2 TL Zimt
1 Prise Salz
100 g brauner Zucker

1. Für das Zupfbrot eine Kastenform fetten oder mit Backpapier auslegen.

2. Milch, Hefe und Zucker in den Mixtopf geben, 3 Min. / 37°C / Stufe 2 erwärmen, 5 Minuten ruhen lassen.

3. Mehl, Butter, Salz, Eier und Vanille zugeben, 5 Min. / Teigstufe kneten, in eine Schüssel geben und zugedeckt ca. 1–1,5 Stunden gehen lassen, bis sich sein Volumen deutlich vergrößert hat.

4. Den Teig auf einer bemehlten Arbeitsfläche erneut durchkneten und auf eine Größe von ca. 50 x 50 cm ausrollen.

5. Rühraufsatz in den Mixtopf einsetzen.

6. Butter, Zimt und Salz in den Mixtopf geben, 1 Min. / Stufe 3 cremig aufschlagen, auf dem gesamten Teig verstreichen und großzügig mit dem braunen Zucker, bis auf ca. 1 EL, bestreuen.

7. Das Teigquadrat mit einem Pizzaschneider oder Messer in ca. 8 x 8 cm große Quadrate schneiden, je 5–6 Teigquadrate aufeinanderstapeln und senkrecht in die Kastenform setzen.

8. Diesen Vorgang wiederholen, bis alle Teigquadrate aufgebraucht sind.

9. Das Zupfbrot mit dem restlichen EL braunen Zucker bestreuen und 30 Minuten abgedeckt gehen lassen.

10. Den Backofen auf 175°C Ober-/Unterhitze vorheizen, ca. 30–40 Minuten backen und ca. 10 Minuten vor Ende mit Alufolie abdecken, sollte es zu dunkel werden.

11. Herausnehmen, ca. 20 Minuten in der Form auskühlen lassen, dann vorsichtig stürzen.

TIPP!

IN EINER SENKRECHTEN FORM LASSEN SICH DIE TEIGSTÜCKE EINFACHER EINSCHICHTEN.

BROT & BACKWAREN

ZUPFBRÖTCHEN MIT KRÄUTERBUTTER

Seite 136

Wenn es im Haus nach Frischgebackenem riecht – wunderbar! Und unsere Brote, Brötchen und Hörnchen riechen nicht nur gut, sie schmecken auch so!

SUBWAY BAGUETTES

3 Stück · leicht · 30 Min. + 2 Std. Ruhezeit + 25 Min. Backzeit

ZUTATEN:

Teig:
230 g Wasser
1 Pk. Trockenhefe oder
1/2 Würfel Hefe
10 g Zucker
1 1/2–2 TL Salz
50 g Olivenöl
400 g Weizenmehl, Type 550
1 Ei, Größe M, mit Mich verquirlt

Topping optional:
Sesam
2 EL geriebener Parmesan mit 1 EL Oregano gemischt
geschmolzene Butter zum Bestreichen

Belag nach Wahl:
z.B. Thunfischcreme, Salat, Schmelzkäse, Gurken, Tomaten, Chilisauce

1| Wasser, Hefe, Zucker, Salz und Olivenöl in den Mixtopf geben, 3 Min. / 37°C / Stufe 2 erwärmen, 5 Minuten ruhen lassen.

2| Mehl zugeben, 10 Min. / Teigstufe kneten.

3| Den weichen Teig in eine Schüssel geben, abgedeckt 1 Stunde gehen lassen, dann auf eine bemehlte Arbeitsfläche geben und in 3 gleichgroße Portionen teilen.

4| Jeden Teigling leicht bemehlen, zu einem Rechteck ausrollen und von der längeren Seite her zu einem Baguette aufrollen.

5| Die geformten Baguettes auf ein mit Backpapier ausgelegtes Backblech legen und abgedeckt nochmal 1 Stunde gehen lassen, bis sich das Volumen verdoppelt hat.

6| Den Backofen auf 180°C Ober-/Unterhitze vorheizen.

7| Die Teiglinge mit dem verquirlten Ei bestreichen.

8| Natur belassen oder nach Belieben mit Sesam oder Parmesan-Mischung bestreuen.

9| Im Ofen ca. 25 Minuten backen.

10| Nach dem Backen sofort mit flüssiger Butter bestreichen und ca. 10 Minuten unter einem Handtuch ausdampfen lassen. Das ist wichtig! So werden sie schön weich, wie man sie von Subway kennt.

11| Baguettes aufschneiden und nach Herzenslust belegen.

Milchbrot Tangzhong

Brotkastenform, ca. 15 x 28 cm | mittel | 30 Min. + 90 Min. Ruhezeit + 35 Min. Backzeit

ZUTATEN:

Vorteig:
100 g Wasser
25 g Weizenmehl, Type 550

Teig:
125 g Vollmilch
1 Pk. Trockenhefe oder 1/2 Würfel Hefe
1 TL + 50 g Zucker
350 g Weizenmehl, Typ 550
1 TL Salz
1 Ei, Größe L
30 g weiche Butter

außerdem:
1 Eigelb mit etwas Milch verquirlt

VORTEIG:

1 | Wasser und Mehl in den Mixtopf geben, 5 Min. / 65°C / Stufe 1 erwärmen und rühren.

2 | Es entsteht eine cremige Konsistenz. Umfüllen und abkühlen lassen.

TEIG:

3 | Milch, Hefe und 1 TL Zucker in den Mixtopf geben und 3 Min. / 37°C / Stufe 2 erwärmen, 5 Minuten ruhen lassen.

4 | Nun das Mehl, das abgekühlte Wasser-Mehlgemisch, restlichen Zucker, Salz und Ei zufügen, 5 Min. / Teigstufe kneten.

5 | Zum Schluss noch die Butter zufügen und nochmal 5 Min. / Teigstufe kneten, in eine mit Öl ausgeriebene Schüssel geben und abgedeckt ca. 45 Minuten gehen lassen, bis sich das Volumen deutlich vergrößert hat.

6 | Den Teig nun in 4 gleichgroße Portionen teilen, diese jeweils zu einer Kugel formen und unter Frischhaltefolie 15 Minuten ruhen lassen.

7 | In dieser Zeit eine Brotkastenform fetten.

8 | Jedes Teigstück auf einer leicht bemehlten Arbeitsfläche oval ausrollen (ca. 15 x 20 cm), von der Längsseite eine Seite zur Mitte hin einschlagen und die andere Längsseite darüber schlagen. So habt ihr 3 Teigplatten.

9 | Von der kurzen Seite her nun zu einer Rolle aufrollen und mit der Naht nach unten in die Form setzen. Ebenso mit den verbliebenen 3 Teiglingen verfahren.

10 | Die Form mit Frischhaltefolie abdecken und mindestens weitere 45 Minuten ruhen lassen, bis sich die Form deutlich gefüllt hat.

11 | Den Ofen auf 175°C Ober-/Unterhitze vorheizen.

12 | Den Teig mit dem verquirlten Ei bestreichen und ca. 30–35 Minuten backen, bis die Oberfläche goldbraun ist und das Brot hohl klingt, wenn man von unten darauf klopft.

DINNER ROLLS

12 Stück | leicht | 15 Min. + 2 Std. Ruhezeit + 20–25 Min. Backzeit

ZUTATEN:

250 g Milch
1/2 Würfel Hefe
30 g Zucker
500 g Weizenmehl, Type 550
1 TL Salz
1 Ei, Größe L
70 g geschmolzene Butter

Zum Bestreichen:
1 EL geschmolzene Butter

1| Milch, Hefe und Zucker in den Mixtopf geben, **3 Min. / 37°C / Stufe 2** erwärmen.

2| Restliche Zutaten zugeben, **4 Min. / Teigstufe** kneten, umfüllen und mindestens 1 Stunde ruhen lassen.

3| Den Teig in 12 gleichgroße Portionen teilen, diese zu Kugeln formen und in eine gefettete Auflaufform (ca. 20 x 30 cm) setzen und abgedeckt nochmal 1 Stunde ruhen lassen.

4| Den Backofen auf 190°C Ober-/Unterhitze vorheizen, die Dinner Rolls ca. 20–25 Minuten goldbraun backen.

5| Sofort mit der geschmolzenen Butter bepinseln.

TIPP!

DINNER ROLLS SIND TYPISCHE AMERIKANISCHE, FLUFFIGE BRÖTCHEN, DIE IN DEN USA ZUM ABENDESSEN UND AUCH ALS GRILLBEILAGE SERVIERT WERDEN.

Heavenly Rolls

24 Stück | leicht | 20 Min. + 3 Std. Ruhezeit + 20 Min. Backzeit

TIPP!

FRISCH GEBACKEN LASSEN SIE SICH AUCH EINFRIEREN. AUFGETAUT SCHMECKEN SIE DANN WIE FRISCH GEBACKEN.

ZUTATEN:

60 g Wasser
1 Pk. Trockenhefe oder 1/2 Würfel Hefe
1/2 TL Zucker
240 g warme Milch
100 g Öl
100 g Zucker
1 TL Salz
520 g Weizenmehl, Type 550
geschmolzene Butter zum Bestreichen

1 Wasser, Hefe und 1/2 TL Zucker in den Mixtopf geben, 2.5 Min. / 37°C / Stufe 2 erwärmen, 10 Minuten quellen lassen.

2 Die restlichen Zutaten zugeben, 4 Min. / Teigstufe kneten.

3 Den leider etwas klebrigen Teig in eine Schüssel geben und abgedeckt ca. 1,5–2 Stunden gehen lassen, bis sich sein Volumen sichtbar verdoppelt hat.

4 Den Teig auf eine gut bemehlte Arbeitsfläche geben und in 2 gleichgroße Teile teilen, jedes Teigstück zu einer Kugel formen und auf ca. 30 cm ø ausrollen.

5 Mit geschmolzener Butter bestreichen, mit einem Pizzaschneider in 12 Stücke teilen, wie bei einer Torte.

6 Von der breiten Seite her jedes Teigstück aufrollen und in eine große Auflaufform geben.

7 Die aufgerollten Teigstücke mit einem Handtuch abgedeckt eine weitere Stunde gehen lassen, bis sich deren Volumen wieder deutlich vergrößert hat.

8 Den Backofen auf 190°C Ober-/Unterhitze vorheizen, die Rolls in den Ofen geben und ca. 20 Minuten goldbraun backen.

9 Noch warm mit geschmolzener Butter leicht bestreichen.

PAUL – RUSTIKALES BAUERNBROT

runde Auflaufform mit Deckel | ♥♥♡ mittel | 20 Min. + 2 Std. Ruhezeit + 60 Min. Backzeit

ZUTATEN:

350 g Wasser
15 g frische Hefe
1 TL Zuckerrübensirup
300 g Roggenmehl, Type 1150
200 g Dinkelmehl, Type 630
2 TL Salz
15 g Sauerteig, flüssig
1 TL Backmalz

1| Wasser, Hefe und Sirup in den Mixtopf geben, **3 Min. / 37°C / Stufe 2** erwärmen.

2| Restliche Zutaten zugeben und **5 Min. / Teigstufe** kneten.

3| Den zähen und klebrigen Teig in eine Schüssel geben und abgedeckt 1 Stunde gehen lassen, bis sich das Volumen deutlich vergrößert hat.

4| Den Teig nun auf eine bemehlte Arbeitsfläche geben, den Teig auch leicht bemehlen und mehrmals, ca. 10 x, immer zur Mitte hin zusammenfalten. Das klappt am besten mit einer Teigkarte.

5| Den Laib rund formen und mit dem Schluss nach unten in ein großzügig bemehltes Garkörbchen geben, mit einem Tuch abdecken und nochmals 1 Stunde ruhen lassen. Das Garkörbchen zaubert ein schönes Muster und das Brot kommt in Form.

6| Während dieser Zeit den Backofen auf 240°C Ober-/Unterhitze vorheizen.

7| Nun den Teigling mit dem Schluss nach oben in eine ofenfeste Form mit Deckel geben, z.B. Römertopf, runder Zaubermeister, Gusseisentopf etc., den Deckel auflegen und im Ofen 50–60 Minuten backen.

8| Den Deckel abnehmen und weiter 10 Minuten, bis zur gewünschten Bräune, backen.

9| Auf einem Kuchengitter komplett auskühlen lassen.

ZUPFBRÖTCHEN MIT KRÄUTERBUTTER

2 Springformen à 20 cm ø   ♥♡♡ leicht   25 Min. + 2 Std. Ruhezeit + 25 Min. Backzeit

ZUTATEN:

Teig:
230 g Wasser
1/2 Würfel Hefe
1 TL Zucker
1 TL Salz
540 g Weizenmehl, Type 550
35 g Olivenöl

Kräuterbutter:
2 Knoblauchzehen
250 g weiche Butter
1 Spritzer Worcestersauce
1 Spritzer Zitronensaft
Salz & Pfeffer
2 EL TK-Kräuter
1 TL Olivenöl

außerdem:
ca. 70 g Panko Paniermehl

1| Wasser, Hefe und Zucker in den Mixtopf geben, 3 Min. / 37°C / Stufe 2 erwärmen, 10 Minuten ruhen lassen.

2| Die restlichen Teigzutaten zugeben, 5 Min. / Teigstufe kneten, in eine Schüssel geben, 90 Minuten gehen lassen, bis sich sein Volumen deutlich vergrößert hat.

3| Den Backofen auf 180°C Ober-/Unterhitze vorheizen.

KRÄUTERBUTTER:

4| Knoblauch in den Mixtopf geben, 5 Sek. / Stufe 5 zerkleinern.

5| Rühraufsatz einsetzen.

6| Restliche Zutaten hinzufügen, alles 3 Min. / Stufe 3 cremig rühren.

7| Springformen mit Backpapier auslegen und mit 1/3 EL der Knoblauchbutter inkl. dem Rand einstreichen und mit Panko ausstreuen.

8| Aus dem Teig ca. 16 gleichgroße Kugeln formen und mit etwas Abstand je 8 Teigbällchen in die Springformen setzen, abgedeckt nochmal 30 Minuten ruhen lassen.

9| Jedes Teigbällchen großzügig mit 1/3 der weichen Kräuterbutter einstreichen und für ca. 20 Minuten goldbraun backen.

10| Restliche Butter nochmal darüber verteilen und weitere 5 Minuten backen.

TIPP!

PANKO IST JAPANISCHES PANIERMEHL, WELCHES GRÖBER IST UND FÜR ABSOLUTE KNUSPRIGKEIT SORGT. IHR BEKOMMT ES IN GUT SORTIERTEN SUPERMÄRKTEN UND AUCH IM ASIALADEN.

Brioche Burger Buns

8 Stück | leicht | 30 Min. + 75 Min. Ruhezeit + 15 Min. Backzeit

ZUTATEN:

25 g Milch
200 g Wasser
30 g Zucker
2 TL Trockenhefe oder
5–10 g Hefe
485 g Weizenmehl, Type 550
2 Eier, Größe M
1 1/2 TL Salz
80 g weiche Butter
Sesam
1 EL Wasser

1. Milch, Wasser, Zucker und Hefe in den Mixtopf geben, 3 Min. / 37°C / Stufe 2 erwärmen und 15 Minuten ruhen lassen.

2. Mehl, 1 Ei, Salz und die weiche Butter zugeben, alles 10 Min. / Teigstufe kneten, in eine Schüssel geben und abgedeckt 1 Stunde gehen lassen.

3. Den Teig in 8 gleichgroße Portionen teilen, diese zu Kugeln formen, etwas flachdrücken und auf ein mit Backpapier ausgelegtes Backblech verteilen und abgedeckt nochmal 1 Stunde gehen lassen.

4. Den Ofen auf 200°C Ober-/Unterhitze vorheizen. Eine Schüssel mit Wasser auf den Ofenboden stellen.

5. Das 2. Ei mit 1 EL Wasser verquirlen, die Buns damit bestreichen und mit Sesam bestreuen, im Ofen ca. 15 Minuten goldbraun backen.

PIZZABRÖTCHEN

ca. 20 Stück | leicht | 15 Min. + 12 Min. Backzeit + 20 Min. Ruhezeit

ZUTATEN:

150 g warmes Wasser
1/2 Würfel frische Hefe
1/2 TL Zucker
300 g Mehl
2 EL Olivenöl
1 TL Salz

1 Wasser, Hefe und Zucker in den Mixtopf geben, 3 Min. / 37°C / Stufe 2 erwärmen.

2 Restliche Zutaten zugeben, 3 Min. / Teigstufe kneten, den Teig in eine Schüssel geben und 20 Minuten ruhen lassen.

3 In dieser Zeit den Backofen inklusive Backblech auf 250°C Ober-/Unterhitze vorheizen.

4 Den Teig auf eine Arbeitsfläche geben, in 4 Teile aufteilen, daraus mit einer Teigkarte kleine Brötchen abstechen und auf das Backblech geben. Hier braucht ihr kein Backpapier, da die Teiglinge so nicht ansetzen und das Papier verbrennen würde.

5 Die Pizzabrötchen ca. 12 Minuten backen und unter einem sauberen Tuch auskühlen lassen.

PANE BIANCO

1 Brot ♥♥♡ mittel 25 Min. + 3 Std. Ruhezeit + 40 Min. Backzeit

ZUTATEN:

Füllung:
100 g getrocknete Tomaten
3–4 Knoblauchzehen
70 g Basilikumöl
80 g Mozzarella
gehackte Basilikumblätter zum Bestreuen

Teig:
120 g Milch
80 g Wasser
1/2 Würfel Hefe
400 g Mehl
1 1/2 TL Salz
1 Ei, Größe L
35 g Basilikumöl

außerdem:
1 Ei mit etwas Milch verquirlt

1 Getrocknete Tomaten und Knoblauchzehen in den Mixtopf geben, 5 Sek. / Stufe 7 zerkleinern, in eine Schüssel umfüllen, mit Basilikumöl mischen und ca. 1 Stunde darin marinieren.

2 Milch, Wasser und Hefe in den Mixtopf geben, 3 Min. / 37°C / Stufe 2 erwärmen, restliche Teigzutaten zugeben, 5 Min. / Teigstufe kneten.

3 Teig in eine mit Öl ausgeriebene Schüssel geben, abgedeckt ca. 1 Stunde gehen lassen.

4 Den Teig auf eine bemehlte Arbeitsfläche geben, zu einem Rechteck von ca. 20 x 50 cm ausrollen.

5 Zerkleinerte Tomaten gut abtropfen lassen, mit dem Käse auf dem Teig verteilen und diesen von der langen Seite her aufrollen. Mit der Naht nach unten auf ein mit Backpapier ausgelegtes Backblech legen.

6 Die Teigrolle mit einem scharfen Messer von oben ca. 1,5 cm tief einschneiden, die Enden dabei zusammenlassen.

7 Die Teigrolle mit dem Schnitt nach oben zu einem S legen, die Enden in der Mitte unter dem Teig verstecken, so das eine 8 entsteht.

8 Teig mit dem verquirlten Ei bestreichen, abgedeckt nochmal 45–60 Minuten ruhen lassen.

9 Den Backofen auf 175°C Ober-/Unterhitze vorheizen. Die Teigrolle ca. 40 Minuten backen und auf einem Kuchengitter abkühlen lassen.

10 Mit gehacktem Basilikum bestreut servieren.

TIPP!

LUFTDICHT VERPACKT HÄLT SICH DAS BROT 1–2 TAGE UND ES LÄSST SICH AUCH EINFRIEREN.

LAUGENKONFEKT

ca. 80 Stück | leicht | 15 Min. + 10 Min. Backzeit + 1 Std. 5 Min. Ruhezeit

ZUTATEN:

Teig:
300 g Wasser
1 Pk. Trockenhefe oder 1/2 Würfel Hefe
20 g Zucker
500 g Mehl
1 TL Salz

Lauge:
500 ml Wasser
25 g Natron

außerdem:
grobes Meersalz
geschmolzene Butter

1 Wasser, Hefe und Zucker in den Mixtopf geben, 3 Min. / 37°C / Stufe 2 erwärmen, 5 Minuten ruhen lassen.

2 Mehl und Salz zufügen, 3 Min. / Teigstufe kneten, in eine geölte Schüssel geben und abgedeckt 1 Stunde gehen lassen, bis sich das Volumen deutlich vergrößert hat.

3 Backofen auf 220°C Ober-/Unterhitze vorheizen.

4 Den Teig auf eine bemehlte Arbeitsfläche geben, in 12 Stücke teilen, dann jedes Teigstück zu einer Rolle formen und in jeweils ca. 7 kleine Stücke/Nuggets teilen.

5 Das Wasser mit dem Natron auf dem Herd aufkochen und jedes Teigstück ein paar Sekunden darin eintauchen und auf ein mit Backpapier belegtes Backblech verteilen.

6 Mit grobem Meersalz bestreuen und im Ofen ca. 10 Minuten goldbraun backen.

7 Die Nuggets nach dem Backen sofort mit geschmolzener Butter bepinseln.

TIPP!

DIE BUTTER NACH DEM BACKEN SORGT FÜR BESONDERS WEICHE NUGGETS. GENAUSO KENNEN WIR SIE AUS DEN USA, VON AUNTIE ANNE'S PRETZEL SHOP.

Monkey Bread Caprese

1 Kastenform, ca. 25 cm | leicht | 15 Min. + 1 Std. 40 Min. Ruhezeit + 30 Min. Backzeit

ZUTATEN:

Teig:

140 g Wasser
50 g Milch
1/2 Würfel Hefe
1 TL Zucker
1 EL Öl
1 1/2 TL Salz
370 g Mehl

Füllung:

2 Knoblauchzehen
1 Handvoll Basilikumblätter
30 g Olivenöl
1/2 TL Salz
5 Cocktailtomaten, geviertelt
150 g Mozzarella

1. Eine Kastenform fetten und mehlen.

2. Wasser, Milch, Hefe und Zucker in den Mixtopf geben, 3 Min. / 37°C / Stufe 2 erwärmen, 10 Minuten ruhen lassen.

3. Öl, Salz und Mehl zugeben, 5 Min. / Teigstufe kneten. In eine Schüssel geben, ca. 1 Stunde ruhen lassen, bis sich sein Volumen sichtbar vergrößert hat.

4. Knoblauch und Basilikum in den Mixtopf geben, 3 Sek. / Stufe 8 zerkleinern und die Stücke mit dem Spatel nach unten schieben.

5. Öl und Salz zugeben, 10 Sek. / Stufe 2 unterrühren und in eine kleine Schüssel umfüllen.

6. Vom Teig kleine Stücke abreißen, ca. 25–30 Stück, diese in das Basilikumöl tauchen und die Bällchen in die Kastenform geben.

7. Abgedeckt 30 Minuten ruhen lassen. Den Backofen auf 230°C Ober-/Unterhitze vorheizen.

8. Tomatenviertel und zerzupften Mozzarella auf dem Zupfbrot verteilen, Temperatur auf 200°C Ober-/Unterhitze reduzieren, und im Ofen ca. 30 Minuten goldbraun backen.

GETRÄNKE, SIRUPS & SÜSSE SAUCEN

COTTON CANDY FRAPPUCCINO

Seite 149

Ob spritziges Erfrischungsgetränk, leckerer Sirup zum Kaffee oder eine Wegnaschsauce zu frischen Waffeln: Wir lieben diese Rezepte!

ICED WHITE CHOCOLATE MOCHA

2 Portionen | leicht | 5 Min.

ZUTATEN:

250 g Milch
120 g Espresso, kalt
60 g weißer Schokoladensirup
Eiswürfel, nach Belieben

Topping:
Sahne

1 Milch, Espresso und Schokosirup in den Mixtopf geben, 20 Sek. / Stufe 6 mixen.

2 Eiswürfel in 2 Gläser geben, mit der Espressomilch aufgießen und nach Belieben ein Sahnehäubchen aufsetzen und genießen.

TIPP!

EIN REZEPT FÜR WEISSEN SCHOKOLADENSIRUP FINDET IHR AUF UNSEREM BLOG: FOODWITHLOVE.DE

STRAWBERRIES AND CREAM FRAPPUCCINO

1 Glas · leicht · 5 Min.

ZUTATEN:

125 g Milch
60 g Vanilleeis
100 g Eiswürfel
2 EL Erdbeersirup
3 TK Erdbeeren

Topping:
Sahne

1 Alle Zutaten in den Mixtopf geben, 30 Sek. / Stufe 9 mixen.

2 In ein Glas geben und nach Belieben ein Sahnehäubchen aufsetzen.

TIPP!

SCHOKOLADEN-CHIPS SIND SCHOKOTRÖPFCHEN, DIE IHR IN DER BACKABTEILUNG BEKOMMT.

DOUBLE CHOCOLATE CHIP FRAPPUCCINO

1 große Portion   leicht   5 Min.

ZUTATEN:

240 g Milch
20 g Zucker
50 g Schokoladen-Chips
45 g Schokoladensirup
1/2 TL Vanilleextrakt
250 g Eiswürfel

Topping:
Sahne

1| Alle Zutaten in den Mixtopf geben und 30 Sek. / Stufe 8 cremig mixen.

2| In ein Glas geben und nach Belieben mit Sahne und Schokosirup toppen.

COTTON CANDY FRAPPUCCINO

1 Glas · leicht · 5 Min.

ZUTATEN:

60 g Vanilleeis
150 g Milch
15 g Vanillesirup
45 g Himbeersirup
170 g Eiswürfel

Topping:
Sahne

1. Alle Zutaten in den Mixtopf geben und 45 Sek. / Stufe 10 cremig mixen.
2. In ein Glas geben und nach Belieben mit Sahne toppen.

TIPP!

DIESER FRAPPUCCINO GEHÖRT IN DEN USA ZUR SOMMEREDITION. ER SCHMECKT NACH ZUCKERWATTE, IST SCHÖN CREMIG UND SO GANZ NEBENBEI AUCH NOCH IN UNSERER LIEBLINGSFARBE.

Heidelbeer-Milchshake

2 Gläser ♥♡♡ leicht 15 Min.

ZUTATEN:

100 g Sahne
250 g TK-Heidelbeeren
20 g Zucker
400 g Milch
200 g Vanilleeis
20 g weiße Schokolade, geraspelt

1| Rühraufsatz in den Mixtopf einsetzen, Sahne in den Mixtopf geben, unter Sichtkontakt bei Stufe 3 steif schlagen und umfüllen.

2| Mixtopf ausspülen. Rühraufsatz entfernen.

3| 50 g Heidelbeeren zusammen mit dem Zucker in den Mixtopf geben, 4 Sek. / Stufe 6 zerkleinern, dann 4 Min. / 100°C / Stufe 1 aufkochen, umfüllen und auskühlen lassen.

4| Restliche Heidelbeeren, Milch und Eis in den Mixtopf geben, 25 Sek. / Stufe 9 mixen.

5| In 2 Gläser füllen, mit geschlagener Sahne, Heidelbeersirup und Schokoraspel toppen.

RAFFAELLO WHITE HOT CHOCOLATE

1 Tasse · leicht · 10 Min.

ZUTATEN:

3 Raffaello-Kugeln
30 g weiße Schokolade
Mark von 1 Vanilleschote
150 g Milch
50 g Sahne
20 g Kokossirup

Topping:
Sahne + Kokosraspel

1. Raffaellos in den Mixtopf geben, 4 Sek. / Stufe 5 zerkleinern und in eine Tasse umfüllen.
2. Die weiße Schokolade mit Vanillemark in den Mixtopf geben und 10 Sek. / Stufe 6 zerkleinern.
3. Rühraufsatz in den Mixtopf einsetzen.
4. Milch, Sahne, Sirup und zerkleinerte Raffaellos hinzugeben und alles 6 Min. / 80°C / Stufe 2 erwärmen.
5. Den Rühraufsatz entfernen, 20 Sek. / Stufe 6 aufschäumen.
6. Nach Belieben mit einem Sahnehäubchen versehen und mit Kokosraspel bestreuen.

HOT CHOCOLATE DELUXE

2 Tassen | leicht | 10 Min.

ZUTATEN:

50 g Zartbitterschokolade, 70% Kakaoanteil
Mark von 1 Vanilleschote
500 g Vollmilch
10 g Backkakao
20 g Zucker
1 TL Speisestärke

Topping:
Sahne

1| Die Schokolade mit Vanillemark in den Mixtopf geben, **10 Sek. / Stufe 6** zerkleinern.

2| Rühraufsatz in den Mixtopf einsetzen, Milch, Kakaopulver, Zucker und Speisestärke in den Mixtopf geben, **6 Min. / 80°C / Stufe 2** erwärmen.

3| Rühraufsatz entfernen, **20 Sek. / Stufe 6** aufschäumen, in 2 Tassen füllen und nach Belieben mit Sahne genießen.

TIPP!

FÜR EISCAFÉ GEBEN WIR EINE HANDVOLL EISWÜRFEL, 150 G MILCH UND CA. 20 G SIRUP IN DEN MIXTOPF UND MIXEN ALLES 40 SEK. / STUFE 10.

SCHWARZES GOLD – KAFFEESIRUP

ca. 250 ml | leicht | 45 Min.

ZUTATEN:

160 g Kaffeebohnen
700 g Wasser
1 Vanilleschote
200 g Zucker

1| Kaffeebohnen in den Mixtopf geben, **10 Sek. / Stufe 10** mahlen.

2| Wasser, das Mark der Vanilleschote sowie die Schote selber zugeben, **10 Min. / 100°C / Linkslauf / Stufe 2** aufkochen, umfüllen und 1 Stunde ziehen lassen.

3| Den Kaffee durch einen Filter oder ein Tuch gießen, zurück in den Mixtopf geben und gegebenenfalls bis 400 g mit Wasser auffüllen.

4| Zucker zugeben, **30 Min. / Varoma / Stufe 1** ohne Messbecher einkochen lassen, dabei den Gareinsatz als Spritzschutz aufsetzen

5| Sofort in eine Flasche füllen und verschließen.

TIPP!

DIESER SIRUP EIGNET SICH SEHR GUT ZUR ZUBEREITUNG VON SCHOKOLADENMILCH. DAZU 2–3 EL SIRUP IN 250 G KALTE ODER AUFGEKOCHTE MILCH EINRÜHREN.

SCHOKOLADEN-SIRUP

ca. 250 ml   leicht   20 Min.

ZUTATEN:

160 g brauner Zucker
160 g weißer Zucker
100 g Backkakao
1/4 TL Salz
230 g Wasser
1 EL Vanilleextrakt

1. Beide Zuckersorten, Kakao, Salz und Wasser in den Mixtopf geben, 10 Min. / 100°C / Stufe 1 aufkochen.
2. Vanilleextrakt zugeben, nochmal 3 Min. / 90°C / Stufe 1 kochen, anschließend 5 Sek. / Stufe 5 mixen, noch heiß abfüllen.
3. Der Sirup dickt nach dem Abkühlen noch ein.

Vanillesauce

ca. 300 ml | leicht | 20 Min.

ZUTATEN:

200 g Milch
100 g Sahne
Mark von 2 Vanilleschoten
3 Eigelb, Größe M
40 g Zucker
1 Prise Salz

1. Milch, Sahne, Vanille, sowie die Schoten selber in den Mixtopf geben, 7 Min. / 100 °C / Linkslauf / Stufe 1 aufkochen.
2. Mischung umfüllen, mindestens 2 Stunden ziehen lassen, am besten über Nacht in den Kühlschrank stellen.
3. Rühraufsatz in den Mixtopf einsetzen, Vanilleschoten entfernen, Vanillemilch mit Eigelb, Zucker und Salz in den Mixtopf geben, 12 Min. / 80 °C / Stufe 3 aufkochen.
4. Im Kühlschrank vollständig erkalten lassen.

TIPP!

DIE CARAMEL SAUCE DICKT EIN, WENN SIE ABGEKÜHLT IST.
IHR KÖNNT DIE ZEIT ANPASSEN. BEI EIN PAAR MINUTEN WENIGER, BLEIBT SIE ETWAS DÜNNER, BEI MEHR MINUTEN WIRD SIE NOCH DICKER.

Salted Caramel Sauce

1 Glas   leicht   20 Min.

ZUTATEN:

40 g Rohrohrzucker
170 g brauner Zucker
20 g Wasser
150 g Butter
150 g Sahne
1 TL Meersalz
1 TL Vanilleextrakt oder
Mark von 1 Vanilleschote

1| Alle Zutaten in den Mixtopf geben und 14 Min. / Varoma / Stufe 3 ohne Messbecher köcheln lassen, dabei das Garkörbchen mit Zewa ausgelegt als Spritzschutz aufsetzen.

2| In ein steriles Glas füllen und erst verschließen, wenn es abgekühlt ist.

Rocher-Likör

ca. 800 ml ♥♡♡ leicht 20 Min.

ZUTATEN:

10 Ferrero Rocher-Kugeln
50 g brauner Zucker
1 TL Vanilleextrakt
300 g Milch
100 g Kondensmilch, 10%
1 Ei, Größe S
200 g Sahne
200 g Wodka

1| Rocher-Kugeln in den Mixtopf geben, 7 Sek. / Stufe 10 zerkleinern.

2| Zucker, Vanille, Milch, Kondensmilch und Ei zufügen, 5 Min. / 70°C / Stufe 4 erhitzen.

3| Sahne und Wodka zugeben, 5 Min. / 70°C / Stufe 4 erhitzen, anschließend durch ein feines Sieb in eine Flasche abfüllen und im Kühlschrank aufbewahren.

RAFFAELLO-LIKÖR

ca. 700 ml | leicht | 20 Min.

ZUTATEN:

13 Raffaello-Kugeln
1 Ei, Größe M
50 g Zucker
1 TL Vanillezucker
450 g Milch
200 g Sahne
100 g Wodka

1| Die Raffaellos in den Mixtopf geben, 10 Sek. / Stufe 10 zerkleinern.

2| Ei, Zucker, Vanillezucker und 100 g Milch zugeben, 5 Min. / 90°C / Stufe 3 erhitzen.

3| Sahne, restliche Milch und Wodka hinzufügen, 6 Min. / 90°C / Stufe 3 erwärmen, anschließend 10 Sek. / Stufe 6 mixen.

4| Den Likör durch ein Sieb schütten, es sei denn, ihr mögt die feinen Kokosstückchen.

5| In eine heiß ausgespülte Flasche füllen, sofort verschließen und im Kühlschrank aufbewahren, dort hält er sich einige Tage.

6| Vor dem Genießen kräftig aufschütteln.

DANKE!

IMPRESSUM

Math. Lempertz GmbH
Hauptstr. 354
53639 Königswinter
Tel.: 02223-900036
Fax: 02223-900038
info@edition-lempertz.de
www.edition-lempertz.de

Dieses Kochbuch wurde nach bestem Wissen und Gewissen verfasst. Weder der Verlag noch der Autor tragen die Verantwortung für ungewollte Reaktionen oder Beeinträchtigungen, die aus der Verarbeitung der Zutaten entstehen. Der Markenname „Thermomix®" ist rechtlich geschützt und wird nur als Bestandteil der Rezepte verwendet. Für Schäden, die bei der Zubereitung der Gerichte an Personen oder Küchengeräten entstehen, wird keine Haftung übernommen. Bitte beachten Sie die Anwendungshinweise der Gebrauchsanweisung Ihres Thermomixgerätes.

Rezepte: Manuela und Joëlle Herzfeld
Rezeptfotos: © Manuela und Joëlle Herzfeld
Titelbild und Bilder der Autorinnen: Jo Kirchherr
Lektorat: Edition Lempertz
Layout/Satz: Stefanie Großerichter, Yinin Got
Gesamtherstellung: Print Consult GmbH, München
Printed and bound in Hungary

ISBN: 978-3-96058-996-9

MIX
Papier aus verantwortungsvollen Quellen
FSC® C084279
www.fsc.org

ClimatePartner
klimaneutral
Druck | ID 12515-1708-1001